4·16구술증언록 단원고 2학년 1반 제2권

그날을 말하다

고운 엄마 윤명순

이 도서의 국립중앙도서관 출판예정도서목록(CIP)은 서지정보유통지원시스템 홈페이지(http://seoji.nl.go.kr)와
국가자료공동목록시스템(http://www.nl.go.kr/kolisnet)에서 이용하실 수 있습니다.
CIP제어번호: CIP2019007260

4·16구술증언록 단원고 2학년 1반 제2권

그날을 말하다

고운 엄마 윤명순

4·16기억저장소 기획 편집
(사) 4·16세월호참사가족협의회 지원 협조

일러두기

1. 음절로 식별 가능한 소리를 들리는 대로 전사하는 것을 원칙으로 한다.

2. 의미를 파악하기 위해 추가 설명이 필요할 경우 [ ]로 표시한다.

3. 몸짓, 어조 등 비언어적 행위는 ( )로 표시한다.

4. 구술자가 말을 잇지 못해 말줄임표를 사용하는 경우 ……, …로 길고 짧음을 표시한다.

5. 비공개 영역은 〈비공개〉로 표시한다.

6. 비공개해야 하는 희생자 형제자매의 이름은 ○○, △△ 등의 도형기호로, 생존자의 이름은 A, B, C 등 알파

   벳 대문자로 표시한다.

7. 비공개해야 하는 제3자는 직분이나 소속, 성만 공개하고, 이름은 ××로 표시한다. 비공개해야 하는 숫자는

   자릿수에 상관없이 □로 표시하며, 지명은 □□로 표시한다.

책머리에

4·16기억저장소에서는 세월호 참사 5주기를 맞아 구술증언 수집 사업의 결과물 일부를 100권의 책으로 발간하게 되었습니다. 이 사업은 2015년 6월부터 다양한 학문 분야 구술 연구자들의 자발적인 참여로 진행되어 왔으며, 세월호 참사를 좀 더 정확하고 다각적으로 기록하고 기억하고자 하는 노력의 일환으로 수행되었습니다.

2014년 참사 발생 이후, 참사 피해자들의 목격담과 경험은 안타깝게도 공식적인 국가기관과 언론의 기록 속에서 철저히 소외되거나 왜곡되었습니다. 그것은 세월호 참사가 우리에게 안긴 죽음과 고통의 충격만큼이나 우리 사회의 끔찍한 비극이었습니다. 따라서 사업을 진행하면서 세월호 참사 희생자 가족, 생존자, 생존자 가족, 어민, 잠수사, 활동가, 기자 등등, 참사의 초기 과정을 직접 경험한 분들의 증언을 우선적으로 수집했습니다. 구술자는 이 사업의 취지와 방식에 개인적으로 동의한 분 중에서 선정했으며, 참여 과정에 어떠한 금전적 보상이나 이익이 제공되지 않았습니다. 또한 구술증언 수집 사업을 진행하는 동안, 면담자는 연구자이자 참사를 겪은 공동체 시민으로서 최대한 윤리적이고자 노력했습니다.

구술자마다 매회 약 2시간씩 3회를 원칙으로 음성 녹취와 영상 촬영을 하는 방식으로 진행되었고, 증언의 일관성을 확보하기 위해 면담자는 큰 틀에서 공통 질문지를 사용했습니다. 공통 질문지의 내용은 참사와 구술자 간의 관계성에 따라 차이가 있지만, 유가족 구술의 경우 1회차 '참사 이전의 삶, 팽목항과 진도에서의 경험, 자녀에 대한 기억'을, 2회차 '참사 이후 투쟁과 공동체 활동 경험'을, 3회차 '참사 이후 개인 및 가족이 경험한 삶의 변화와 깨달음, 자녀의 현재적 의미'를 중심으로 했습니다. 이처럼 증언 내용은 참사 이전에서 시작해 참사 발생 당시의 경험과 이후의 변화 과정까지 폭넓게 수집했고, 면담자는 구술 채록 과정에서 구술자의 발화를 최대한 존중하고자 했으며, 무엇보다 각자의 특수한 경험과 다른 시각을 충실히 반영하고자 했습니다.

이 구술증언록의 발간을 위해, 채록된 음성 자료는 문서로 변환해 구술자와 함께 검토했고, 현재 시점에서 공개할 수 있는 영역과 할 수 없는 영역으로 구별했습니다. 따라서 책에 실린 내용은 모두 구술자로부터 공개를 허락받은 부분입니다. 비공개 영역은 추후 구술자의 동의를 받아 적절한 절차를 거쳐 추가로 공개될 수 있으리라 생각합니다.

이 구술증언록 100권에는 그동안 우리 사회에 왜곡되어 알려지거나 잘 알려지지 않았던, 참사 발생 직후 팽목항과 진도 혹은 바다에서의 초기 상황에 관한 중요한 증언이 포함되어 있습니다. 또한, 자녀를 잃는 잔인하고 애통한 상황을 겪으면서도 그 누구보다 강인한 정치적 주체로 성장할 수밖에 없었던 유가족의 마음과 경험을 구체적으로, 그리고 여러 각도에서 살펴볼 수 있습니다. 그 외에도, 이 구술증언록은 2014년을 전후한 한국 사회의 여러 측면을 드러내는 귀중한 자료가 되리라고 생각합니다. 무엇보다 국내외의 많은 분이 이 책을 읽어, 장차 세월호 참사의 진상 규명과 역사 서술에 기여할 수 있기를 바랍니다.

구술증언 수집 사업이 진행되고, 책으로 출간되기까지 많은 분의 도움과 지지가 있었습니다. 이 지면을 빌려 부족하나마 감사의 말씀을 전하고자 합니다.

먼저 (사)4·16세월호참사가족협의회와 4·16기억저장소에 감사를 드립니다. 이분들의 신뢰와 적극적인 협조가 없었다면, 이 사업은 처음부터 시작할 수조차 없었을 것입니다. 또한 어려운 정치 환경 속에서도 사업의 취지에 공감해 재정 지원을 결정해 준 아름다운가게와 역사문제연구소에 감사드립니다. 두 단체 덕분에, 이 사업을 4년 동안 계속해 올 수 있었습니다. 그리고 구술증언록 100권의 발간에 동의하고, 바쁜 일정에도 출판 실무를 기꺼이 맡아주신 한울엠플러스(주)에도 감사를 드립니다. 이 외에도 많은 개인과 단체가 직간접적으로 많은 도움을 주시고 격려해 주셨습니다. 여기에 모두 밝히지 못하는 것을 죄송하게 생각합니다.

　말할 필요도 없이, 가장 크고 또 가슴 아픈 감사는 구술자 한 분한 분께 드리고자 합니다. 이 책이 발간될 수 있었던 것은, 무엇보다 용기를 내어 아픔과 고통의 기억을 다시 떠올리고 장시간 진심으로 이야기를 해주신 구술자가 있었기 때문입니다. 오랜 시간 이야기를 나누며 함께 공감하기도 했지만, 그 아픔과 고통을 어떻게 가늠할 수 있을까 싶습니다. 더 큰 도움이 되지 못함을 안타까워하며, 이 구술증언록 100권의 발간이 피해자분들에게 조금이라도 위로가 될 수 있기를 기원합니다.

2019년 4월

4·16기억저장소 구술팀 책임자
서울대학교 인류학과 교수 이현정

차례

고운 엄마 윤명순

구술자 윤명순은 단원고 2학년 1반 고 한고운의 엄마다. 카메라 감독이 꿈이었던 고운이는 친구들과 함께 영상 찍기를 좋아했다. "추억들 찍으러 갑니다"라고 기대하며 고운이는 수학여행을 떠났다. 4·16 참사 이후 고운이의 못다 이룬 꿈을 대신하여 카메라를 배운 엄마는 4·16기억저장소 운영위원으로 활동하고 있다.

윤명순의 구술 면담은 2016년 1월 4일, 11일, 19일, 그리고 2019년 1월 22일, 4회에 걸쳐 총 5시간 55분 동안 진행되었다. 면담자는 김향수·강재성, 촬영자는 고윤경·정수아·강재성 이었다.

구술자 본인의 프라이버시나 제3자의 프라이버시를 보호해야 할 부분을 제외하고는 구술자의 발화를 있는 그대로 전사했다.

1회차

2016년 1월 4일

1
시작 인사말

면담자   본 구술증언은 4·16 사건에 대한 참여자들의 경험과 기억을 기록으로 남김으로써 이후 진상 규명 및 역사 기술에 기여하고자 합니다. 지금부터 윤명순 씨의 증언을 시작하도록 하겠습니다. 오늘은 2016년 1월 4일이며, 장소는 안산시 정부합동분향소 내 불교방입니다. 면담자는 김향수이며, 촬영자는 고윤경입니다.

2
구술 참여 동기와 구술 기록의 활용

면담자   오늘 [하는] 구술증언 제안을 받으셨을 때 해야겠다고 생각하셨던 참여 동기가 있으신지요?

고운 엄마   솔직히 제가 해야 되겠다라는 생각이 있어서 하겠다고 그런 건 아니고요, 그냥 도언이 엄마랑 재강이 엄마랑 얘기하다가 도언이 엄마가 구술증언 했냐고 그래서 안 했다고 그러니까 도언이 엄마가 해야 된다고 그래서, 제 앞에서 임기현 씨한테 전화를 해가지고 얘기를 해버리는 바람에 본의 아니게(웃음), 본의 아니게 하게 됐어요. 근데 제가 기억에, 예전에 임기현 씨가 한번 저한테 뭘 한 가지 하자고 그랬는데 거절했던 기억이 있거든요. 그래서 이게 그거 아니었나, 지금 생각해 보니까.

면담자   그럴 수도 있어요.

고운 엄마   네, 그때는 별로 얘기하고 싶은 생각이 없었거든요. 그래서 제가 제안을 했는데 거절했던 기억이 있어요. 그래서 지금 돌이켜 생각해 보면 그때 거절했던 게 이 구술증언이 아니었나 지금 생각이 들어요.

면담자   그때랑 지금 심경 변화가 따로 있으신 건가요?

고운 엄마   지금은 모르겠어요. 심경 변화는 크게 없는데, 제가 지금 도언이 엄마한테 이렇게 떠밀려서 하는 것이면서도 제가 저번에 전화 통화할 때 말씀드렸듯이 시간이 지난 것도 있고. 저 같은 경우는 하루만 팽목에 들어갔다가 나와가지고 체육관에 있었거든요, 계속. 체육관에서 거의 뭐 누워 있고 뭐, 그냥 아무 생각 없이 있어가지고 별로 말씀드릴 게 없어요. 그래서 제가 증언하는 게 별 도움이 될지 그런 의문이 있거든요. 제가 드릴 말씀도 이렇게 많이 없어요.

면담자   어머니 저희가, 〈나쁜 나라〉 보시고 나서도 그런 얘기 했는데, 워낙 여러 군데에서 여러 가지 일이 있었잖아요. 그래서 팽목의 기억이 더 중요하고 이게 아니라, 각자 어머니, 아버님들이 보신 것들, 경험한 것들 해서 '아 이거 좀 이상한데?'라고 느꼈던 지점이라든지 화가 났던 얘기들, 그런 것들을 좀 모아보는 과정이어서 그냥 얘기를 편하게 해주시면 됩니다. 어머니, 이후에 이 자료가 어떻게 활용됐으면 좋겠는지 그런 의견 혹시 있으신지요?

고운 엄마 　　아, 저는 평소에 어디에 활용됐으면 좋겠다는 생각
은 안 해봐서…. 지금 저희 자료가 사용이 돼서 좀 더 나은 게, 나
아지는 게 있으면 저는 어디에든 사용되든 상관없다는 생각이거든
요. 네, 그래서 딱히 어디에 사용됐으면 좋겠다라고 생각해 본 적
은 없어요.

3
추모앨범 작업

면담자 　　어머니, 오늘 오시면서 오기 전에 앨범 마지막 확인
하셨다고 했는데, 앨범은 만드는 과정이 어떻게 됐는지 잠깐 설명
을 좀 부탁드릴게요.

고운 엄마 　　이게 도언이 엄마하고 [단원고] 학교운영위원회 들어
가 있는 다른 엄마 있는데 그 엄마는 제가 이름을 잘 모르겠어요.
그 엄마하고 주축이 돼가지고 반별로 담당자분이 한 명씩 있어요.
저 같은 경우는 할 사람이 없으니까 제가 맡아서 했는데, 처음에 그
앨범 제작[사] 사장님하고 만나서, 사장님이 제작이 어떤 식으로 들
어가는지 설명 처음에 듣고 각 반 담당자가, 그 페이지를 두 페이지
를 들어가요, 추모앨범 같은 경우는. 근데 그 페이지에 들어갈 수
있는 사진량이 한 20장 내외면 들어가기에 딱 좋은 장수라고 얘길
해서, 저희가 이제 각자, 저희 반 담당자가 개개인한테 다 얘길 해

가지고 추모앨범에 넣을 수 있는 사진, 예쁘게 나온 사진, 꼭 넣어야겠다는 사진 있으면 20장 정도 골라서 제출해 달라고, 처음에 작업했던 게 그거고요. 근데 그 사진 20장씩 넣을 사진을 20장씩 골라서 달라고 했을 때, 저뿐만이 아니고 다른 부모도 많이 힘들었을 거예요. 저 같은 경우도 그 사진 20장 고르는 데 하루 이틀 가지고 안 됐거든요. 애, 애들 사진 들춰서 보는 자체도 힘들었고. 그것도 몇 장 보다 보면, 또 아이 생각에 또 울다 보면, 그 상태에서 또 덮어놓고 며칠 지나다가, 또 며칠 다시 들춰서 사진 골라야 되는 그런 작업이 저뿐만이 아니고 다들 똑같은 작업이었을 거예요. 그래서… 이제 그런 힘든 부분이 제일… 그런 부분이 제일 힘들었을 거예요, 사진 고르는 작업이.

저희가 2주에 한 번씩 학교에 가가지고 항상 회의를 했었거든요. 근데 제일 힘들었던 부분이 그 부분이었던 것 같아요, 사진. 저 같은 경우도 이제 애기 때 찍은 앨범부터 해가지고 유치원, 초등학교, 중학교, 사진 하나씩, 하나씩 들춰보면서… 저희 반별로 담당자들이 모여가지고 회의할 때 하는 얘기가 다 똑같았으니까요. "사진 고르는 작업이 만만치가 않다. 너무 마음 아프고 힘들다". 그래서 앨범 제작하는 과정 중에 그 과정이 제일 힘들었지 않았나 싶고. 그래서 각자 사진을… 저희 반 같은 경우는 은화가 저희 반이거든요. 근데 저는… 다른 반 담당자보다도 마음고생이 더 있었던 게 은화는 아직 찾지를 못했잖아요. 그런 은화 부모님한테 추모앨범 제작에 참여해야 되는 거 아니냐는 말조차도 꺼내기가 힘들었으니까. 제가 그 입장이어도 자식도 찾지 못했는데 추모앨범이 무슨 소용이겠어요. 근데 이게 나중에 문제가, 문제의 여지가 있기 때문에, 그 부모님… 왜 이제 한다, 안 한다는 의사를 제가 분명히 밝혀서 그거를 가지고 있어야지 나중에 문제의 소지가 없다고 그래서, 그 얘기를 어떤 식으로 꺼내야 될지를 아무리 생각을 해도 무슨 말을 해야 될지 모르겠더라고요.

　근데 제가, 몇 날 며칠 고심을 하고, 은화 아버님한테 문자를 드렸는데도 답이 없더라고요. 근데 이제 은화 엄마가 전화를 해가지고 한 1시간 가까이 통화를 했거든요. 근데, 모르겠어요. 똑같이 자식 보낸 입장인데도… 저는 아이를 찾고 은화 엄마는 아이를 못 찾았잖아요. 그니까 어떻게, 제가 먼저 아이를 찾았다는 이유만으로 죄인 아닌 죄인이 되는 기분이더라고요, 은화 엄마한테. 그래서 그런 미안한 마음 때문에 저는 거의 은화 엄마가 하고 싶은 얘기 다 하고 저는 들어주는 입장이었는데, 제가 예상했던 대로… 은화 엄마는 참여를 안 하겠다고 그러더라고요. 그건 예상했던 대답이었고. 저는 그것, 그 부분도 마음고생이 심했어요, 무슨 말을 어떻게 해야 될지를 몰라서. 근데 다행히도 은화 엄마가 전화를 해서 의사를 밝혀줘서 되게 고마웠고, 한편으로는 너무 미안했고, 또 같이 참여를 못한 은화 엄마한테 많이 미안하고. 사진을 늦게 주는 부모일수록 사진 고르는 작업이 많이 힘들었다고 그러더라고요. 그래서 이제 각자 저희 반 같은 경우는 영경이하고 은화하고 참여를 안 했거든요.

사진 다 골라서 이제 제가 반별로 담당자니까 다 모아가지고, 한 달에 두 번씩 회의가 있었으니까요. 그래서 사진 모아지는 대로 회의에 참석해서 사장님한테 전달해 가지고, 그 전달된 부분이 한 3차로 나눠서 전달이 됐거든요. 그래서 사진 전달이 이뤄지고, 그 다음에 사장님이 견본을 뽑아서 반별로 다 확인 작업들을 하라고 주고서, 부모님한테 사진 뺄 거 빼고, 사진 다른 사진 넣을 것 넣고 작업을, 수정을, 그게 한··· 두 번 들어갔어요. 그래서 두 번에 걸쳐서 제작이 들어갔고요, 그다음에 저희가 2주 전에 부산 내려가서 사진 인화 상태라든가 그런 상태 확인하려고 부산 직접 가가지고 확인하고 왔고. 최종적으로 오늘 제작이 다 돼서 지금 학교에, 지금 3층 3학년 교무실 그 옆 반에 있는 거기에다 다 운반을 해가지고 보관을 해놓고 왔거든요.

근데 저희··· 저희는 지금 졸업을 안 하는 걸로 결정이 된 상태거든요. 그래서 생존자 아이들만 이제 12일 날 졸업을 할 거고, 생존자 애들만 앨범을 받아갈 거예요. 그래서 저희는 졸업을 안 하는 걸로 결정을 했기 때문에, 애들이 다 안 올라왔는데 졸업할 수는 없잖아요. 졸업을 안 하는 걸로 결정을 했기 때문에 저희는 이 추모앨범이랑 학번앨범이랑 학교 거기다가 보관을 해놓는 결정을 했거든요. 지금 저희는 앨범 안 받아갈 거예요. 그래서 저희 애들 다 찾고, 교실 존치 제대로 이뤄지는 거 결정 나면 그때··· 졸업앨범, 그 학번 앨범이랑 추모앨범을 그때 가져가는 걸로 결정을 해서 오늘 지금, 들어온 거 지금 3층 3학년 교무실 옆에 창고에다가 지금

고운 엄마 윤명순

다 올려놓고, 저희가 확인 작업, 제대로 왔는지 그것까지 확인하고 지금 온 거거든요. 그래서 저희는 이제 확인 작업 끝내서 부모님한 테 앨범을 학교에다가 보관하는 걸로 결정된 거라고 얘기도 해줘야 되고. 그래서 저희는 앨범은 이제 학교에다가 일괄적으로 보관하는 걸로 그렇게 지금 결정을 봤어요.

면담자   앨범 실제로 쭉 준비하는 과정에서 최종으로 한번 보셨잖아요, 그때 어떠셨는지?

고운 엄마   (한숨) 근데 솔직히, 추모앨범 같은 경우는 안 해도 상관없어요. 저희가 그 부분 준비하면서 부모님들도 많이 힘들었고…. 근데 저 같은 경우에는 추모앨범 그거 완성된 거 확인 작업하면서도 별 감흥이 없더라고요, 그냥 있어도 그만, 없어도 그만인 거기 때문에. 그리고 이미 집에 있는 사진이기 때문에. 그래서 '아, 우리 아이들이 정상적으로 졸업을 하고 졸업앨범을 제작했으면 더 좋았을 텐데'라는 그런 생각밖에는 안 들었어요.

면담자   추모앨범을 제안했던 배경이 혹시…?

고운 엄마   저는, 그렇게 깊게는 모르겠어요. 도언이 엄마가 그 거는 확실하게 알 거예요. 그리고 제가 알기로는 작년, 재작년, 그 [단원고] 운영위원회 위원장이 저희 고등학교에 들어온 돈 중에서 저희 유가족들을 위해서 앨범을 만든다는, 앨범을 만드는 조건으로 들어온 자금 중에 그 금액을 갖다가 딱 정해서 쓰여지게끔 해놓은 걸로 제가 알고 있거든요? 그래서 그걸로 저희가 앨범을 만드는 걸로 제가 알고 있어요. 그게 아니면 그게 학교로 다시, 돈이 학교로 다시 들어가야 된다고 그래서. 그래서 깊게는 모르겠는데 제가 듣기로는 그렇게 알고 있어요. 추모앨범까지 해서 만들면 어떻겠냐는 그런 의견이 나와가지고 하는 걸로 알고 있고요. 그리고 사장님도 그런 좋은 취지를 가지고 들어오서 가지고 제작을 하신 거기 때문에 거의 손해 안 볼 선까지 해서 들어오서 가지고 작업을 하는 걸로 알고 있어요(눈물을 훔침).

면담자   어머니, 잠깐 쉬었다 할까요, 힘드시면?

고운 엄마   아니요, 괜찮아요. 오늘 새벽에도… 고운이 생각이 나가지고 한참 울다가 잤거든요…. 이게 시간이 지나도 문득문득 생각날 때는 그렇더라고요. 갑자기 생각이 나요. 네, 저 같은 경우는 텔레비전 바로 옆에 고운이 사진이 있거든요. 텔레비전 보다가도 생각나서 그럴 때 있고. 예전에 비해서는 그렇게 말하는 데 힘들고 그러지는 않아요.

4
결혼, 직장생활 그리고 고운이 생전의 여러 일화

면담자   어머니, 안산에 언제 처음 오셨나요?

고운 엄마   저 같은 경우는 직장생활 하면서 90년도에 10월 달 쯤엔가, 안산에 올라왔거든요.

면담자   그럼 그 전에는?

고운 엄마   그 전에는, 저는 고향이 전라북도 남원이에요. 그래 가지고 저희 큰언니가 서울에 살고 있거든요. 졸업하고 서울에 올라와서 이제 알바식으로 하고 있다가 여기 안산에 직장생활을 시작하면서 살기 시작했죠. 그러니까 벌써 20년이 넘었죠. 한 25년, 이제 26년 정도 돼가네.

면담자   그럼 여기서 아버님을 만나셨어요?

고운 엄마   네. 95년도 2월 달에 결혼했는데, 고운이 그렇게 보내놓고는 아, 그것도 원망스럽더라고요. '안산에서 아빠를 안 만나서 결혼을 안 했으면 우리 고운이 낳을 일도 없고, 우리 고운이 그렇게 보낼 일도 없었을 텐데' 그런 생각도 했었어요, 솔직히. 안산은 제가 한 25년 살고 있는데도 고운이 일로 인해서 안산에는 별로… 좋게 기억되지가 않아요. 내가 안산에를 안 왔었으면 하는 생각이 있으니까.

그리고 저희 고운이 같은 경우는 결혼하고 임신이 잘 안 돼가지고 저희 고운이는 병원 다녀가지고 가졌거든요. 그래서 그 생각도 했어요. '자연적으로 임신 안 됐을 때 그렇게 가지려고 병원을 안 다녔으면… 고운이도 낳지 않았을 테고… 그렇게 보낼 일도 없었을 텐데…' 병원을 다녀가지고 가졌던 게 후회도 되더라고요(눈물을 훔침). 제가 병원을 안 다녔으면 고운이 가질 일도 없었거든요. 엄마, 아빠 욕심 때문에… 병원 다녀가지고 가져놓고, 이 세상에 태어나게 했기 때문에 그런 일도 겪지 않았을까…. 병원 다니면서 어렵게 얻은 건 아니고요. 결혼 한 2년 정도 됐을 때 두 번 만에 임신을 하긴 했으니까. 그러니까 엄마, 아빠가 그런 욕심 안 부렸으면 고운이 태어나지도 않았겠죠, 그런 일도 안 겪었을 것이고….

면담자   어머니, 고운이 키우면서 혹시 기억에 남는 일 있으신지요?

고운 엄마   고운이는 밑에가 남동생인데, 남동생은 오히려 사건, 사고가 없이 얌전히 컸거든요. 근데 저희 고운이 같은 경우는 여자앤데도 대부분 여자아이 키우다가 남자아이 키우면 힘들다 그러잖아요. 근데 저 같은 경우는, 고운이가 사건, 사고가 많았어요. 저희 고운이는 태어날 때도 되게 크게 태어났어요. 몸무게도 4.3[kg]이고, 키도 54[cm]였거든요.

면담자   자연분만하기 힘들지 않으셨어요?

고운 엄마   수술했어요. 근데 태어났을 때 다른 애들 태어나서보다 한 달 정도 큰 상태였으니까요. 그래 가지고 저희 고운이 되게 순둥이었어요. 먹고 자고만 했는데 돌 지나고 난 무렵부터 놀이터 데리고 나가면 그렇게 모래를 주워 먹더라고요. 그래서 저희 고운이가 놀이터를 많이 못 나갔어요. 모래를 그렇게 주워 먹는 것 때문에 제가 놀이터를 안 데리고 나갔거든요. 그리고 저희 고운이가 제일, 고운이가 감기를 앓거나 그러면 열이 나면 경기를 했어요, 저희 고운이가. 그래서 지금도 생각나는 게 저희 고운이 경기 처음 했을 때, 처음 접한 거라 너무 겁이 났는데 경기하면 이게 막 몸이 마비가 되면서 뒤틀리거든요, 눈도 돌아가고. 그래서 그때 119 불러가지고 병원 갔던 기억도 있고, 그리고 병원 가던 도중에 유모차에서 또 경기 일으켜가지고 제가 안고 병원 3층까지 뛰어올라 갔던 기억도 있고.

면담자　　　유모차 탈 때면 완전 애기 때네요.

고운 엄마　　네, 애기 때도 그렇고 한 4살, 3살 먹을 때까지 경기를 했어요. 그니까 저희 고운이 같은 경우는 감기 들면 애들 대부분이 열나잖아요. 그니까 열나면 초비상이에요, 잠을 못 자요. 그니까 아이 열 다 떨어질 때까지 새벽 4시고, 5시고 열 다 떨어질 때까지 물 떠다가 닦여가면서, 응급실 갔더니 다른 건 안 해주고 해열제 먹이고 애기 몸 닦아주는 거밖에는 안 하더라고. 그래서 처음 경기할 때는 놀라서 구급차 타고 병원도 가고 그랬는데, 열나면 열 떨어질 때까지 아침이 될 때까지 잠을 못 자고 그 열 떨어뜨리느라고.

되게 순둥인데 그 경기 일으키는 것 때문에 제가 많이 힘들었고요. 저희 고운이 걸음마 시작하고 나서는 사건, 사고 많았던 게, 사기 밥그릇. 좀 욕심이 되게 많았어요, 뭐든지 지가 해야 되는 경향도 많았고. 그래서 밥그릇 들고 가다 넘어져 가지고 손바닥도 찢어져서 꿰맸고, 그리고 침대에서 뛰다가 떨어져 가지고 여기 어깨 움직이지도 못하게 아프다고 그래서 또 응급실도 갔었고. 근데 또 사진 찍어보니까 전혀 이상이 없더라고요. 사진 찍고 나니까 또 안 아프다고 그러더라고요. 그리고 또 되게 좀 에너지가 넘, 에너지가 되게 넘쳤었어요, 저희 고운이가. 그것도 한 4살, 5살 때인가는 거실에서 계속 빙빙 돌다가 어지러우니까 신발 벗어놓은 곳에 거꾸로 처박혔었거든요, 근데 그때는 진짜 어깨뼈가 금이 갔었어요. 그래 가지고 유치원 지금 사진 보면 보호대를 팔·어깨랑 해가지고 끼고 다녔던 사진 있어요.

그니까 저희 고운이 같은 경우는 참 사건, 사고가 많았어요, 여자아인데도 불구하고. 그리고 뭘 해도 지가 제일 앞에서 해야 되고, 뭘 해도 지가 제일 먼저 해야 되고, 이게 동생하고 19개월 차이거든요.

면담자 얼마 차이가 안 나서 되게 힘드셨을 것 같은데요.

고운 엄마 네, 고운이는 병원을 다녀서 임신을 했던 경우라 동생이 그렇게 일찍 생길 거라고 생각을 못 했거든요. 근데 동생은 본의 아니게 그렇게 자연임신이 빨리 돼가지고, 지금도 고운이한테 제일 미안한 게, 동생 일찍 보게 한 거. 동생을 좀 더 늦게 봤으면 지 사랑도 좀 더 받고 그리고 동생을 봤어야 되는데, 동생을 일찍 보는 바람에, 그 사랑도 많이 못 받고. 그래서 고운이가 동생을 되게 미워했어요. 그래 가지고 지 동생 몰래 방에 들어가 가지고 눈 밑에도 할퀴어가지고 피나게 했던 적도 있고, 그다음에 지 동생 걸음마 시작했을 때 그냥 이유 없이 가가지고 밀어서 넘어뜨리고 그랬거든요. 커서도 자기 동생, 남동생 싫다고 질투가 되게 많았어요. 그런 부분도 지금 생각해 보면 되게 미안해요, 고운이한테. 동생을 조금 더 늦게 낳아서 사랑도 듬뿍 받고 자라고 그랬어야 되는데 동생 일찍 보는 바람에 그런 부분이 덜했거든요. 그래서 그게 지금 많이 미안해요, 고운이한테.

저희 고운이가 4살 때였어요, 저희 복도식 아파트에서 살 때. 동생을 일찍 보다 보니까 제가 아무래도 어린 동생한테 신경을 쓰다 보니까 애는, 복도식이다 보니까 여름에는 현관문을 열어놓고 살잖아요. 그러면 (웃음) 현관문 열어놓은 집마다 다 들어가서 먹을 거 얻어먹고, 놀고 오고 그랬거든요. 근데 하루는 저희가 4층에 살았는데 복도 벽면을 처음부터 끝까지 색연필로 다 칠해놓은 거, 이렇게 긋고 다녔더라고요. 그래서 제가 그거, 수세미로 그거 지우느라고 엄청 애먹었거든요, 진짜 한참 걸려서 그거 지웠어요.

면담자   수성도 아닐 텐데 색연필이면.

고운 엄마   네, 그래서 4층 복도를 그걸 지우느라고 제가 되게 애먹었어요. 그니까 동생 때문에 자기 신경 많이 안 써주고 그러니까 그런 걸로 다 표현하지 않았나…. 동생 때문에 놀이터도 많이 못 갔고, 제가 힘드니까 밖으로 데리고 나가는 걸 많이 못 했거든요.

면담자   그래도 고운이는 19개월 차이인 동생이랑 친구처럼 지내서 아마 또 좋았을 수도 있을 거예요.

고운 엄마   그런 부분도 있긴 한데 남동생이라고 싫다고 그랬었어요, 고운이는 많이. 자기는 여동생이거나 아니면 언니가 있었으면 좋겠다고 많이 그랬거든요. 그니까 성(性)이 다르다 보니까. 어렸을 때는 성하고 상관없이 잘 놀았던 부분이 있는데 커서는 성이 다르다 보니까 놀 수 있는 게 별로 없어요. 그래서 자긴 남동생 싫다고 여동생 있었으면 좋겠다고, 그리고 또 남동생이다 보니까 자기 뜻대로 잘 안 되고 그런 부분이 있으니까 그래서 그랬던 거 같아요. 자기는 언니 있었으면 좋겠다고 많이 그랬어요.

고운이 같은 경우는 제가 여자애라고, 여자애, 남자애 구분지어서 키운 건 아니었고. 고운이 같은 경우는 블록도 되게 가지고 노는 거, 블록 되게 좋아했거든요, 그래서 블록도 많이 가지고 놀았고. 고운이는 되게 활동적인 거를 많이 좋아했어요. 유치원 다닐 때는 자전거 타고 아파트 단지, 동생 뒤에 태우고, 힘도 좋아요(웃음). 힘도 좋아 가지고 동생 뒤에 태우고 아파트 단지, 타고 다닐 때마다 제가 꼭 뒤쫓아서 다녔고. 아빠가 많이 바빠 가지고 저랑 많이 생활하는 부분이 많았어요.

면담자　　　고운이나 동생 키우면서 아이들한테 좀 강조했던 부분들이 있었나요?

고운 엄마　　　저는, 저희 고운이, 저 같은 경우는 고운이 임신했을 때부터 태교에 되게 관심이 많았거든요. 저희 고운이, ○○이 키울 때 만해도 몬테소리 그런 쪽에, 책을 전집으로 많이 샀어요, 그때는. 한 권씩 사는 게 아니고, 그때는 또 집집마다 방문판매를 많이 하러 다녔거든요. 그래 가지고 저희 고운이 임신했을 때 제가 동화책도 되게 많이 읽어줬어요. 동화책도 많이 읽어주고, 위인전 같은 경우는 테이프랑 같이 있었거든요, 그래서 테이프도 틀어주고 제 목소리로 직접 읽어주기도 하고. 유아 때 동화책 많이 읽어주고, 태어나서도 '아기나라'나 '한글나라' 같은 경우 일찍 접해줬거든요. 근데, 한글도 고운이가 말을, 말도 빨리 했어요, 저희 고운이는. 걸음마도 빨리하고.

그래서 그때 당시에는 지금 생각해 보면 저희 고운이 키울 때 한참 조기교육이 유행이었거든요. 그래 가지고 그때는 그냥, 그렇게 해주는 게 좋은 거라고 생각을 하고 해줬는데, 지금 이렇게 돌이켜 보면 그 조기교육도 아이들마다 특성도 있고, 아이들 고려해서 했어야 되는데 저 같은 경우는 제 욕심에 그냥 뱃속에 있을 때부터 그랬고, 또 태어나서도 '아기나라' 같은 경우는 한글, '아기나라'부터 시작해 가지고 '한글나라'도 일찍 접해줬고 그다음에 '은물', 저희 고운이는 '은물'도 제가 집에 선생님 불러가지고….

면담자   '은물' 되게 비싸잖아요.

고운 엄마   네, '은물'도 교육시켜 줬고. 저희 고운이 같은 경우는 집으로 선생님이 와서 미술 수업도 해줬어요. 어렸을 때 방문 미술 수업도 했거든요. 그리고 저 같은 경우는 애들 어렸을 때 크레파스라든가 물감이라든가 밀가루도 물 넣고 반죽해 가지고 자기 마음껏 놀게끔 돗자리 깔아놓고, 그거를 엄마들은 막 방, 벽지 지저분해진다고 그런 거 안 해줬는데 저 같은 경우는 그런 부분을 맘

놓고 할 수 있게 물감이고 그런 거 다 해줬어요. 그리고 벽 같은 경우에도 낙서해도 벽지 바꾸면 되니까 괜찮다는 생각으로 벽지에 낙서 같은 것도 다 하게 해줬고.

저희 고운이는… 모르겠어요. 제가 동생을 일찍 낳으면서 엄마의 정이라든가 사랑 같은 거를 지금 생각하면 그런 부분을 더 많이 줬어야 되는데, 그런 부분을 못 해주고, 저희 고운이한테는 그런 거 쪽으로, 지금 생각하면 물질적인 거죠, 그런 쪽으로 많이 치중을 해서 해줬던 게 지금은 많이 후회스러워요. 오히려 엄마의 정이라든가 사랑을 많이 주면서 키웠어야 되는데, 저는 나중에, 지금 생각해 보면 단지 제 욕심이었던 거 같아요. 그냥 엄마처럼 안 살고 좀 더 나은 생활을 했으면, 그런 생각 때문에…. 그리고 첫애다 보니까 첫애한테 거는 기대감도 컸고 그래서.

어렸을 때부터 그런 걸 많이 강조를 했는데. 그리고 저희 고운이는 제가 초등학교 2학년 1학기 때까지 책을 읽어줬어요. 글을 읽을 줄 알아도 부모가 책을 읽어주면 더 정서적으로 좋다고 그래서 제가 고운이 2학년 1학기 때까지 책을 읽어줬거든요(눈물을 훔침). 항상 잠자기 직전에 책 읽고 싶은 책 있으면 두 권씩 골라와 그래 가지고 고운이 두 권, 동생 두 권 골라오면 제가 항상 가운데 누워 가지고 네 권씩 책을 읽어주면서 재웠거든요. 그래서 교육적인 거에 되게 많이 공을 들였던 거 같아요.

근데 저희 고운이 같은 경우에는, 그때 당시에는 몰랐어요. 근데, 고운이 보내놓고 그런 후회를 많이 했어요…. 내 욕심 때문에 교육 쪽으로만 너무 치중을 두고 고운이한테 그런 거 같아서 많이 미안하고 많이 반성을 하게 되더라고. 오히려 그런 것보다 동생 일찍 보고 사랑 빼앗겼던 그런 부분도 있고 그러니까, 엄마의 정이나 사랑을 느끼게끔 그렇게 키웠으면… 그런 후회가 많았고. 고운이한테 많이 미안하더라고요.

커서도 제가 공부에 너무 많이 치중을 두고서 공부 잘해야 된다고, 고운이 같은 경우는 수학을 되게 못했어요. 고운이가 이렇게 계산적인 거, 이런 거는 잘 못해요. 근데 고운이가 창의력 쪽은 좀 좋아요. 그래서 지금 생각해 보면 고운이한테 공부 쪽 스트레스를 되게 많이 준 거 같아요. 그때는 그게 고운이를 위한 걸로만 생각을 했고 다 나중에 너 잘 살라고 그렇게 하는 거라고 생각을 했는데, 지금 생각해 보면 제가 잘못 생각했고 고운이를 너무 힘들게 했었다는 그런 후회가 들더라고. 고운이 많이 힘들었을 거예요, 제 욕심 때문에…. 2학년 때부터 영어학원에, 여기저기 학원 다니느라 많이 힘들었을 거고.

제가 《한겨레》[신문]에 부모님들 편지 쓰는 거에도 제가 썼던 기억이 있는데, 그게 전부가 아닌 것 같아요. 지금 시간이 지나고 돌이켜 보면 엄마의 정이라든가 사랑이 오히려 아이한테 더 행복한 삶을, 행복한 시간을 주는 게 그게 정답인 것 같더라고. 근데 그때는 그걸 몰랐어요…. 그래서 지금 그런 부분이 되게 많이 후회가 돼요. 고운이를 너무 힘들게 한 거 같아서 그게 마음이 아프고, 그래서 제가 고운이 사진 볼 때마다 하는 말이… "미안하다, 미안하다"는 말을 제일 많이 해요, 지금도. [제가] 교육 쪽에 중점을 제일 많이 뒀던 거 같아요. 그리고 믿고 기다려주지 못하고 엄마가 많이 닦달하고 잔소리 많이 하고 많이 그랬어요, 고운이한테. 고운이는 지금 생각하면 공부 쪽은 아니었는데 제 욕심에 많이 고운이 힘들게 했어요.

근데 고운이는 얘는 창의력 쪽에 많이, 관심이 많았었어요. 중학교도 애니메이션, 그때 한참 만화에 빠져 있어가지고 중학교도 부천에 있는 애니메이션과를 간다고 그랬던 적도 있었고. 그래서 제가 또… [고운이가] 그거를 하고 싶어 해서, 지가 그 애니메이션과를 가고 싶어 해서 학원도 보내줬었고. 근데 고운이 본인이 다녀보더니 아닌 거 같다고 포기를 하더라고요. 네, 그래서 제가 그때 포기를 해서 중학교도 일반 중학교 가고. 고운이 같은 경우는 애니메이션 쪽에 꿈이 있었고, 그다음에 한때는 또 디자인 쪽에 꿈이 있었고 그랬는데, 고운이가 사진 찍히는 건 싫어하는데 사진 찍는 걸 되게 좋아해요. 그래 가지고 또 고등학교 가서는 UCC 공모전, 학교 자체 내에서 하는 거 상도 여러 번 받았고. 경기도, 경기도 내에서 UCC 공모전에도 나갔[고], 그때가 안산 인물에 대해서 촬영을 해가지고 그때 공모전에 냈던 적이 있는데, 그때는 제가 단원미술관, 이익 선생 성호기념관, 향토박물관 이렇게 돌아다니면서 같이 데리고 다녔었거든요. 그래 가지고 그거 찍어가지고 공모전에 냈는데 그거는 떨어졌더라고요. 그래서 다음에, 1학년 때였어요, 그때가. 다음에 다시 도전해 본다고. 그때는 급하게 찍느라고 제대로 못 찍었어요. 저는 그때 데리고 다니고, 그걸로… 직장생활 하면서 그냥 그러고 말았거든요.

근데 고운이 보내놓고 나서는 자기가 UCC 공모전에 냈던 작품을 컴퓨터에 다 저장을 해놨더라고, 저는 그냥 찍은 걸로만 기억을 하고 있었는데. 그때 고운이 보내놓고 컴퓨터 들어가서 보니까, 그 찍었던 부분에 자기 육성으로 내레이션을 넣었더라고요. 그래서 고운이 목소리 듣고 싶을 때마다 그거 들어가서 듣고 있어요. 고운이 내레이션을 넣어놓은 거는 몰랐거든요. 그래서 지금 고운이 목소리 듣고 싶을 때마다 그 동영상 틀어놓고 듣고 있어요. 고운이… 유일하게 들을 수 있는 목소리가 그거. 고운이 그 학교 UCC 공모전에 냈던 작품들은 친구들, 고운이가 주로 찍었으니까, 찍고 연출하고 찍었으니까, 출연은 안 했으니까, 거기에는 이제 친구들 모습하고 친구들 목소리밖에 없거든요. 근데 유일하게 고운이 목소리 들을 수 있는 거는 그 동영상 하나예요. 내레이션도 차분하게 잘 넣었더라고.

그래서 고운이가 한창… 그 비디오카메라에 그 마이크까지 장착되어 있는 거, 자기는, 고운이 꿈이 카메라 감독이었거든요. 그래서 방송영상학과 가는 것도 정해놨었고, 서울예술대학교 학교도 정해놨었고. 그래서 자기는 KBS 입사하는 게 꿈이래요, 지금 책상에도 보면 "KBS"라고 써져 있는데. 그래서 자기는 이제 꿈 안 바뀔 거라고 방송영상과 가서 카메라 감독 되는 게 꿈이라고 그래서 제가 그때 비디오카메라를 알아봤었는데, 어 비싸더라고요. 200[만

35
•
I회차

원]이 넘어가고 비싸더라고. 그래서 그때, 그니까 참… 사람이… 꼭 지나고 나서야 후회되는 게 사람인가 봐. 그때 당시에 '아, 고운이 그 비디오카메라 사줘서 마음껏 찍게 해줄걸, 이렇게 될 줄 알았으면' 그것도 되게 마음에 걸려요. 제가 그때 알아보기만 하고 사주지 못했거든요, 너무 비싸가지고. 아, 중고라도 사서 줬으면 어땠을까 그런 후회도 있어요(눈물을 훔침).

면담자　　　단원미술관이랑 쭉 다니시면서 촬영하는 모습, UCC 제작하고 이런 모습을 보면서 어떤 생각이 드셨나요? 평소에 집에서 보는 모습이랑 좀 달랐을 것 같은데요.

고운 엄마　　　근데 그것도 미안한 게, 고운이가 단원미술관, 성호박물관, 향토기념관 세 군덴가 그다음에, 거기 기억이 안 나네, 네 군덴가 다녔거든요. 근데 제가 직장생활 하니까 쉬는 날 휴일에, 아빠는 바쁘니까 제가 데리고 다녔거든요.

　　근데 좀 시간 여유를 두고 공모전에 참가를 해야 되는데, 고운이가 알기도 늦게 알았고, 너무 급하게 찍느라고 하루에 여러 군데를 다 돌아다니다 보니까 제가, 지금 생각해 보면… 그럴 이유가 하나도 없는데… 마지막에 성호기념관, 아니 단원미술관 갔다 올 때 고운이한테 제가… 다니면서도 평일에 직장생활 하고 쉬는 날 제가 다니다 보니까, 그리고 "좀 시간적인 여유를 두고 준비를 해서 공모전에 좀 참가를 하지 왜 이렇게 촉박하게 이러냐"고 그런 소리를 제가 막 했거든요.

그런 소리를 하면서 데리고 다니다가 단원미술관 갔다 오는 길에 고운이하고 티격태격 싸웠어요. "너 매번", 고운이가 좀 성격이 급한 게 없어요. 저하고 좀 많이 부딪치는 부분이 그런 부분이었는데 저는 좀 미리미리 좀 하라는 주의였고 고운이는 닥치면 하는 성격이었거든요. 그때도 "미리미리 좀 하지 왜 이렇게 시간을 촉박하게 이러고 다녀야 되는지 모르겠다"고. 그래서 단원미술관 갔다 오면서 고운이한테 짜증을 내면서 데리고 다녔던 게 너무 미안해요…, 좀 빨리빨리 다니자고. 근데…… 짜증 내면서 데리고 다녔던 게 너무 많이 미안해요, 고운이한테……(침묵).

면담자   어머니 좀 쉬었다가 할까요? 괜찮아요?

고운 엄마   괜찮아요. 단원미술관 같은 경우는 그때 다른 전시 때문에 김홍도, 그 김홍도 그림을 다 치워가지고 없었어요. 그래가지고 고운이가 친구하고 두 번인가 갔다 왔고, 그래도 안 되니까 이제 학교에, 복도에 가니까 김홍도 그림이 있는데 그걸 대신해서 찍었더라고요. 그래서 그때는 그냥 별생각 없었어요. 그냥 고운이가 원하는 대로 데리고 다니면서 그냥 빨리빨리 하고 가자고 그러기만 했어요.

면담자   어머님 직장 다니셨다고 하셨는데, 언제 다시 직장 일을 시작하신 건지요?

고운 엄마   저희 고운이 5학년 때였던 것 같아요. 네, 5학년 때. 5학년 때부터 다녔던 걸로 기억이 나고. 고운이한테 제일 직장생활 하면서 미안했던 부분이, 고운이가 중학교 입학해 가지고 3월 달에… 첫 생리했을 때 제가 직장생활을 하고 집에 없었거든요. 학교에서 그거를 했었나 봐요. 근데 혼자서 집에 와가지고 처리하고 그리고 다시 학교 갔다는 소리 들었을 때, '아, 내가 직장생활 안 하고 집에 있었으면, 고운이가 그런 일 당했을 때 많이 놀랐을 텐데, 직장이고 뭐고 엄마가 집에 있으면서 도와줬으면 어땠을까?' 그리고 방학 때 되면은 많이 미안하고 애들이 안쓰럽죠. 다른 엄마들도 마찬가지일 거예요. 둘만 놓고 일 다니는 게, 방학 때 놓고 다니는 게 제일 힘들었죠. 그래도 고운이 같은 경우는 되게, 밥도 막 이상하게, 밥도 이상하게 막 만들어가지고 동생하고 같이 먹고 그랬더라고요. 그래도 19개월밖에 차이 안 나는데도 그래도 누나라고 방학 때 되면 밥 챙겨서 같이 먹고, 저희 고운이가 그랬거든요.

저희 고운이 같은 경우는… 지금 생각하고 보면은 그게 애들이 떠나기 전에 했던 행동들이 지금 생각해 보면… 그때는 아무것도 아니었던 게 지금은, 고운이가 10, 그니까 수학여행 가기 전 해에 13년도 저희 결혼 18주년 때 고운이가 직접 케이크를 만들어가지고…. 그게 처음이자 마지막이었어요. 결혼기념일이라고 케이크를 직접 만들어가지고 왔더라고요. 그니까 그해에 처음이자 마지막이었고, 그다음에 카네이션도…. 꽃은 시들어버리고 없어지잖아요. 근데 마지막 카네이션은 고운이가 직접 글로 써가지고 만들어줬거든요. 그 전에까지는 안 했던 행동들이 지금 이렇게 다 의미가 있었던 행동들인 거 같아요, 지금 생각해 보면.

그래서 그 가지고 있는 카네이션은 평생 시들지도 않고 그대로 있어요. 거기에 글을 직접 썼더라고요. "고맙습니다, 사랑합니다, 미안합니다". 거기 그 사진…(눈물을 훔침). 근데 그게 마지막 카네이션인데, 제가 고운이 물건 잘 안 버리거든요. 근데 그게 아무리 찾아도 없더라고요. 고운이 유치원 때 만들었던 물건이든가 그런 거 다 모아놓고 있는데 그게 없어요, 아무리 찾아도 없더라고요. 제가 마지막 받은 카네이션인데 그거를 사진으로 찍어놨던 사진도 있었는데 제가, 다른 거 지우면서 그게 지워져 가지고 없어요, 지금(침묵).

면담자   어머니, 다시 다니시는 직장 어떤 데인지요?

고운 엄마   저 같은 경우는… 시청에, 안산 시청에, 계약직으로, 그니까 계속 꾸준히 일했던 거는 아니고 총무과 기록물계에 DB[데이터베이스화] 작업이라고 옛날 서류들 목록으로 이렇게 정리하고 필름 작업화하고 그런 DB 구축 작업이 있거든요. 그게 일이 있을 때마다 뭐 8개월, 6개월, 4개월 이렇게 다니고, 그거 아니면 그냥 집에서 애들 학교 갔다 오면 간식도 해주고. 저는 꾸준히 계속 직장생활을 하는 건 아니었어요. 그런 식으로 계약직으로 다녔고, 그 다음에 2013년도 3월 달부터는 도시공사 견인사업소에 들어가서 일을 했었고요.

면담자   이전에도 그런 비슷한 일을 하셔서 하게 된 거예요?

고운 엄마   아니에요. 아가씨 때는 전혀 다른 일이었죠, 공단에 있는 회사를 다녔으니까. 근데 공단 같은 경우는 일이 늦게 끝나는 날도 있고 그러다 보니까 아이들 놓고 늦게 퇴근하고 그러는 거는 못 하겠더라고요. 그래서 그런 공공기관은 딱 6시만 되면 끝나니까 9시에 출근하고. 그래서 공공기관 쪽을 다녔던 거 같아요. 공단 같은 경우는 아침에 출근도 일찍 해야 되거든요. 그러면 아이들 학교 보내지도 못하고 제가 먼저 나가야 되는 경우가 생기니까, 그렇게는 못 하겠더라고요. 그래서 아침 출근도 9시까지니까 괜찮고, 6시면 딱 퇴근해서 오고.

면담자   시청이면 또 가깝고.

고운 엄마   네, 저 같은 경우는 집에서 걸어서 출퇴근했거든요, 가까우니까.

면담자   이전에 아이들 키우면서 학부모 모임이라든지 아니면 종교 모임이라든지 혹시 이런 거 하셨나요?

고운 엄마   저 그런 건 안 했어요. 그냥 학교 같은 경우는 고운이 2학년 때까지 학교 급식을, 급식소가 따로 있지를 않아가지고 엄마들이 가서 급식을 해줬거든요, 아이들을. 같은 반별로 급식이 이뤄졌으니까. 1학년, 2학년 학교 급식 해주느라고 다녔던 게 전부고. 저는 [아이들] 학교는 다니진 않았어요. 그냥 '엄마가 안 다녀도 그냥 애가 잘하면 그만이다' 그런 생각을 가지고 있었기 때문에 학교는, 학교 활동은 안 했어요.

고운 엄마 윤명순

면담자   고운이가 이렇게 학교 들어가서 잘했다고 얘기를 하셨는데, 활달하고 넉살이 좋아서 별로 걱정 많이 안 하셨을 것 같아요.

고운 엄마   그래도 1학년 때까지는 제가 학교 데려다주고 데려오고 했었거든요. 그런 거는 걱정은 많이 안 했는데, 고운이가 되게 길치예요. 단짝 친구 경미네 집도, 몇 번 다닐 때까지는 경미가 마중도 나와서 데리고 가고, 고운이가 또 애니메이션과 간다고 그럴 때도 학원이 시청 쪽에 있는데 반대편[으로] 건너가서 버스를 타고 저기 시흥시 정왕동에 간 적도 있고요. 고운이가 되게 길치예요. 네, 그러고, 그런 쪽은 어디 가면은 그런 쪽 걱정은 있었어도. 그리고 고운이가 또… 저희 고운이가 초등학교 때 많이 혼난 게, 준비물을 학교 그 당일 날 아침에 학교 가면서 얘기해요, 전에 얘기 안 하고. 그래서 고운이가 그런 거 때문에 저한테 많이 혼났어요. 그리고 그런 부분에 제가 잔소리를 많이 했고.

면담자   고운이 자료를 좀 찾아봤더니 경미랑 얘기가 좀 나오던데요, 언제 적부터 친구였어요?

고운 엄마   고운이가 초등학교 6학년 때 같은 반이었어요. 그때 친해져 가지고.

면담자   중·고등학교도 쭉 같이 다녔나요?

고운 엄마   중학교는 따로 다녔는데 따로 다니면서도 집에 고운이가 놀러 가고 경미가 또 놀러 많이 오고. 네, 단짝이었어요, 경미 랑. 고등학교 가서 다시 만난 거예요, 중학교는 따로 다녔어요. 근데도 자주 만나서 자주 어울리고 놀러도 오고. 친하게 지냈는데, 갈 때도 그렇게 같이 갔… 갔더라고요. 고등학교 들어가서도 그 다섯 명이 단짝이 있어요. 민희, 민지, 수경이, 가현이, 고운이. 1학년 때부터 친하게 지냈는데 2학년 올라가서도 같은 반이 됐더라고요. 그래서 고운이는 세월호 탔을 때도, 방도 1반인데도 달랐어요. 1반에 일곱 명인가가 잘려가지고 9반, 10반 자는 방에 묵었거든요. 그니깐 민희랑 민지랑 수경이랑 걔네들 같은 경우는 같은 방이 아니었어요. 근데 고운이랑 친하다 보니까 같은 방에서… 잔 건지, 아니면 아침에 일어나서 같이 있었던 건지…. 1반이 제일 많이, 생존자가 많거든요. 근데 걔네들은 고운이랑 같이 있었다고 그러더라고. 고운이가 친한 친구들은, 그러니까 경미도 같이 갔고, 그 다섯 명도 같이 갔고 그러다 보니까. 고운이가 친한 친구가 없어요. 초등학교 때 친하게 지냈던 A이라는 친구 말고는, 지금 거기[하늘나라에] 다 같이 가서 같이 있어요……(침묵).

5
수학여행 가기 전

면담자   어머니, 수학여행 준비했던, 처음 이야기 들었던 그 상황 좀 얘기를 해주세요.

고운 엄마   처음에 고운이가 제주도 수학여행 간다고 그럴 때, 갈 때는 배 타고 가고 올 때만 비행기 타고 온다고 그러더라고요. 그래서 "배를 몇 시간씩 타고 어떻게 힘들어서 배를 타고 가냐"고 "비행기 타고 얼른 갔다가 올 때도 얼른 오면 되지, 왜 애들 힘들게 배 타고 가는지 모르겠다" 그랬더니, 단원고등학교가 수학여행을 그런 식으로 가더라고요. 그래서 뭐 불꽃놀이도 하고 친구들이랑 놀고 그러면 추억이 더 많다고. 그러면서 고운이가 그런 얘기를 하더라고요. 그때 당시에는 그냥 깊게 생각을 안 했어요, 비행기 타고 갔다가 왔으면 그런 일도 없었을 텐데. 그냥 그런가 보다 하고 그냥 넘어 갔어요, 그때는.

그리고 배가 워낙에 컸기 때문에⋯ 걱정은 안 했어요. 그냥 애들 힘들게 열 몇 시간씩 거기서 잠도 자야 되고 오랜 시간 걸려서 가는 게 힘들까 봐 그게 걱정이었던 거지, 워낙에 큰 배였기 때문에 그런 쪽으로는 생각은 해보지도 않았고 걱정도 없었어요. 근데 그 수학여행, 고운이 같은 경우에는 친구들하고 떨어져 가지고 9반, 10반 자는 방에 배치가 되다 보니까 한 3일간을 수학여행을 안 가겠다고 그랬었어요.

면담자   미리 방 배치가 나왔나요?

고운 엄마   네, 반별로 방 배치가 이뤄졌는데 1반 같은 경우는 침대, 침대가 있는 방이 있었고, 그다음에 넓은 공간으로 바닥에서 자는 공간이 따로 있었어요. 근데 1반 같은 경우는 침대가 있는 방

두 군데에 배치가 됐고, 나머지 일곱 명은 9반, 10반 자는 그 넓은 방에 배치가 돼가지고 한 3일간을 수학여행을 안 가겠다고 했었어요, 고운이는. 친구들하고 떨어져서 자는 것도 불만이고 왜 자기만 똑같은 돈 내면서 가는데 따로 떨어져서 가야 되는지 모르겠다고, 자기는 수학여행 안 가겠다고 한 3일인가를 그렇게 불평불만을 하더라고요. 그래서 제가 "점호만 하고 그 점호 끝나면 친구들을 너 있는 방에 데려가서 같이 자든지 그렇게 유도리 있게 하고 갔다 오면 되지. 다른 친구들이랑 수학여행 가는 추억도 만들고 갔다 오지 왜 안 가"냐고… 그리고 보냈어요.

근데 수학여행 가는 날, 견인사업소가 여기 화랑유원지 길 건너에 있거든요. 제가 집에서 출퇴근을 걸어서 했어요. 근데 그날 안개가 되게 많이 꼈어요, 아침에 출근하는데. 그래서 저는 안개가 많이 껴서 수학여행 안 갈 줄 알았어요. 근데 고운이한테 전화가 왔더라고요. 인천에 배 타러 왔는데 지금 배는 못 타고 배 앞에서 기다리고 있다고. 그래서 제가 "고운아 이렇게 안개가 꼈는데 어떻게 수학여행을 가? 빨리 선생님한테 얘기해 가지고 다 집에 태워다 주라 그래" 했더니 "지금 배 못 타고 기다리고 있어, 엄마" 그러고선 통화를 하고 끊었거든요. 그리고 한참 있다 전화가 왔더라고요. 엄마, 배 올라왔다고, 배 올라와서 저녁 먹고 기다렸다가 지금 출발한다고 그랬다고. 그때도 제가 그랬거든요. "안개가 껴서 어떻게 배가 출발을 하냐고. 빨리 집에 태워다 달라 그래서 와라". 통화 끊고 나서 문자가 왔더라고요, 엄마 지금 출발한다고…. 조심해서 잘 갔다 오라고…, 그게 끝이었어요. 그다음 날 다른 애들은 통화도 했다는데 저희 고운이는 전화도 없었고, 제가 잘 도착했냐는 문자에 답도 없었고…….

고운이 수학여행 가기 전에 옷 사달라고 그래 가지고 NC[백화점]를 두 번을 갔었어요. 자기가 원하는, 원하는 게 있는데 없다고 그래 가지고 제가 주말에만 시간이 되니까 두 번을 데리고 갔었거든요. 짐도 본인이 알아서 다 입고 갈 옷이랑 다 준비해 가지고 본인 짐도 다 싸가지고 갔거든요. 근데 고운이가 그러더라고요. 자기는 배 안에서 엄마가 사준 후드지퍼하고 1학년 때 체육대회 할 때 샀던, 그게 몸뻬바지거든요, 표범 무늬 들어간 거, 그걸 입고 있을 거라고 저한테 그렇게 얘기를 하고 갔거든요, 고운이가. 근데 고운이 나올 때 보니까 진짜 그 옷 그대로 입고 있더라고요. 그래서 저는 뭘 가지고 갔는지도 잘 몰랐어요, 본인이 다 짐을 싸가지고 갔기 때문에. 그래서 고운이 가방 찾고 나서… 그때 알았어요. '아, 옷은 이런 이런 옷 싸가지고 갔구나'.

그리고 고운이 핸드폰에 [화면] 문구를 수학여행 가기 전에, 가기 전에 바꿨나 봐요. 다른 사진이 들어 있었는데 고운이 아빠가 쓰다가 물려준 카메라가 있거든요. 그걸로 UCC 작품 찍어서 내고 그랬던 카메라. 카메라를 찍어가지고 그걸 올려놨더라고요. 그래서 거기, "추억들 찍으러 갑니다" 그렇게 문구도 바꿔놨더라고요. 고운이는 사진… 카메라도 챙겨갔어요, 고운이 같은 경우는. 근데 그 카메라를 못 찾았어요. 가방을 하나를 덜 찾았거든요, 고운이 가방을.

면담자   가방 하나는 어떤 건지요? 못 찾은 가방 색깔이라든지…, 저희가 내일 팽목으로 유류품 전수조사 가서요.

고운 엄마   가방…, 기억이 안 나네.

면담자   어머니, 이건 급한 거 아니니까 생각나시면 저한테 문자를 주세요. 그 안에 카메라가 있을 수 있겠네요.

고운 엄마   사진을, 고운이가 꼼꼼하게 물건을 잘 챙기는 편이 아니라서 모르겠어요. 사진을, 아마 사진 많이 찍었을 거예요. 찍다가 그냥 바닥에 놨을지 아니면 그게 옆으로 메는 쌕이었거든요, 그렇게 크지가 않아요. 한 이 정도 (손가락으로 표시하며) 크긴데 거기에다가 카메라, 사진 가방 속에 없는 거 보니깐 거기 교복, 속옷, 카메라, 양말 그런 건 다 그쪽에 들어 있었나 봐요, 교복도 안 올라왔거든요. 추억들 찍으러 간다고 가는…….

지금 생각하면 수학여행 가기 전에 준비했던 과정도 그냥 일상 중에 하나라 그냥 무심코 다 넘겨버렸기 때문에 기억이 별로 없는 거 같아요. 마지막에 수학여행 가는 날 아침에, 학교 갈 때 평소에는 그냥 "학교 잘 갔다 와라" 그러고 끝인데, 그날은 2박 3일 동안 못 본다고 안아주면서 "잘 갔다 오라"고, "조심해서 갔다 오라"고 안아주고 그렇게 보냈거든요. 그게 마지막…(눈물을 훔치며). 아이들 스스로가 엄마들 얘기를 들어보면 평소에 안 했던 행동들을 했더라고요, 보니까.

저희 고운이 같은 경우도 아빠가 지방에 가 있고 없었어요, 그때. 자기 방에도 들어오는 것도 싫어했었거든요. 근데 수학여행 가기 한 3일 전이었을 거예요, "엄마 나 안방에서 잘래" 그러고 고운이가 안방에서 잤거든요. 그니깐 아이들…… 모르는 뭐 그런 게 있나 봐요. 생전 안 그러던 애가 안방에서 수학여행 가기 3일 전에 안방에서 잔다고 자고. 그때도 그게 마지막인 줄 알았으면 잘 때도 꼭 끌어안고… 꼭 끌어안고 잘걸…….

그리고 고운이가 기타를 배웠어요. 제가 중학교 때까지는 공부 쪽 교육 욕심이 많았는데 고등학교 들어가면서 제가 그걸 내려놨거든요. 배우고 싶은 거 있으면 배우라고 그랬더니 기타를 배운다고 그래서 기타를 배웠거든요, 고운이가. 근데 한 번도 기타, 집에 와서는 잘 안 치는데, 기타 쳐도 자기 방에서 그냥 조금 치고 말았는데. 그것도 수학여행 가기 며칠 전이었어요. 기타를 들고 안방에를 들어오더니 자기가 기타 치면서 노래를 불러주겠다고, 컴퓨터 책상 의자에 앉아서 기타 치면서 노래 불러줬던 것도 안 하던 짓인데 기타 치면서 노래도 불러줬고, 수학여행 가기 전날 아침에 얘 같은 경우는…, 그때 끝까지 못 물어본 게 후회스러운데, 아침에 막 고운이가 막… 서럽게 우는 소리가 들리더라고요. 그래서 고운이 방에 가서 왜 우냐고 그랬더니 꿈을 꿨다고 그러더라고요. 꿈꿨다고 그렇게 서럽게 우는 건 고운이가 처음이거든요. 근데 무슨 꿈을 꿨냐 그래도 대답을 안 해요. 그냥 울기만 하고 나쁜 꿈만 꿨다고만 그러고. 그래서 엄마, 아빠 죽는 꿈 꿨냐고 그랬더니 아니라고 그러더라고요. 그래서 제가 "엄마, 아빠 죽는 꿈 아니면 나쁜 꿈이 어디가 있냐고 괜찮다고 울지 마"라고 다독여 주고 나와서 아침 준비하는데도 내내 울더라고요, 서럽게.

그게 무슨 꿈이었는지 모르겠어요. 꿈속에 무슨 자기가 가는 게 보였는지…. 그렇게 서럽게 울 꿈이 아무리 생각을 해도 없더라고요. 근데 제가 다독여 주고 나와서도 한참 서럽게 울었거든요, 고운이가. 그래서 지금 도대체 무슨 꿈을 꿨길래 그렇게 서럽게 울었는지 그때 끝까지 한번 물어볼걸. 무슨 꿈에 예언이라도 자기가 가는 게 나타나서 그런 건지….

<u>6</u>
예전과 같을 수 없는 가족

〈비공개〉

면담자　　　예전에는 남동생이 어느 정도 그래도 같이 대화를 하는 편이었나요?

고운 엄마　　　고운이는 시끄러울 정도로 [말이] 많았고요, 근데 저희 작은애 같은 경우는 평소에도 말이 그렇게 많지는 않았어요. 고운이는 뭐 유치원 때부터 유치원에 있었던 얘기, 초등학교 다니면 학교에 있었던 얘기, 고등학교 다닐 때도 뭐 어떤 어떤 친구가 어떻게 해서 짜증이 났다, 기분이 나빴다 그런 얘기 하는데, [동생은]

남자애라 그런지는 모르겠는데 그런 얘기는 전혀 없었어요. 그래
도 무슨 얘기하면은 짜증을 내거나 신경질을 내거나 그런 부분이
사춘기 때 말고는 없었거든요. 근데 지금은 말도 거의 안 하고…,
제가 이제 그냥 한마디 대화가 끝이라고 그랬잖아요. 거기서 좀 더
진행이 되면 막 신경질적으로 짜증 내가면서 그게 바로 나와요. 그
것 때문에 대화도 길게 안 되고, 저도 예전처럼 이것저것 다 간섭
하고 싶은 생각이 저도 없고. 그니까 말수가 이제 거의 더 없는 거
죠. 친구들하고의 시간을 많이 갖고, 친구들하고는. 그걸 친구들하
고 풀면서 견디고 있는 것 같아요, 제 생각에는.

　지가 필요한 부분, 지가 요구하는 부분, 그런 부분 있으면 스스
로 엄마 불러서 얘기는 하는데 그 외에는 없어요. 그래서 제가 아
까도 말씀드렸다시피 이게 가족인가, 지하고 나하고 엄마, 아들 사
이 맞나? 그냥 '모르는 남남이 그냥 한집에 살고 있는 거 같애' 그런
느낌이에요. 그래서 이런 식으로 삶이 계속되다 보면 저와 아이한
테, '나중에 어른이 됐을 때 정상적인 삶을 살 수 있… 있는 에너지
가 될까?' 그런 걱정이 되게 많죠. '어떤 안 좋은 영향을 미칠까?'
네, 그런 걱정되는 면도 많이 있어요. 벌써, 벌써 2년이란 세월 동
안 그렇게 지내고, 앞으로도 더 나아질 것 같지는 않으니까. 이런
생활이 계속될 거 같아요, 쟤는.

　이런 생활이 계속될 거 같으니까 쟤가 이다음에 어른이 돼서
사회에 나갔을 때 그 날이 그 날 같고 하루가 똑같은 시간 같은 삶
속에서 '다른 사람들처럼 정상적인 사회생활도 하고 정상적인 삶을

살 수 있을까…' 그런 걱정이 많이 되죠. 어떤 영향을 나쁜 쪽으로 끼치게 될지, 되게 걱정이 많아요. 근데 그게 걱정이 되면서도 그런 부분을 제가 어떻게 해줄 수가 없으니까, 그게 좀 안타깝죠. 제가 머리로는 이게 정상적이지가 않고 잘못됐다는 걸 인식을 하면서도 제가 그 부분을 어떻게 해줄 수가 없어요. 애한테 끼치는 영향이 좋지 않을 거라는 걸 알면서도 생각만 할 뿐이지, 그냥 생각으로만 그칠 뿐이에요, 어떻게 해줄 수가 없어요. 저희 작은아들한테는 아들 나름대로 미안하고, 고운이는 고운이 나름대로 미안하고 그래요. 이게 아이 하나 떠난 걸로 끝난 게 아니거든요.

남들은 겉으로 봤을 때 그냥 '아이 하나 떠난 걸로 그만이다' 생각을 하는데, 그 속을, 그 내면을 들여다보면 그냥 예전의 그런 삶이 아니에요, 정상적인… 가정도 아니고. 겉으로 보기에는 똑같아요. 남들이 봤을 때 겉으로 보기에는 똑같이 비쳐져요. 근데 안을 들여다보면 예전하고 전혀 다른 삶이죠. 그냥… 그냥 한 집안의 한 가정이 무너졌다고 보면 돼요.

고운 엄마 윤명순

2회차

2016년 1월 11일

1
시작 인사말

면담자　　　본 구술증언은 4·16 사건에 대한 참여자들의 경험과 기억을 기록으로 남김으로써 이후 진상 규명 및 역사 기술에 기여하고자 합니다. 지금부터 윤명순 씨의 증언을 시작하겠습니다. 오늘은 2016년 1월 11일이며, 장소는 안산시 정부합동분향소 내 불교방입니다. 면담자는 김향수이며, 촬영자는 정수아입니다.

2
근황

면담자　　　어머니, 저희 일주일 만이죠. 어떻게 지내셨어요?

고운 엄마　　　지난주 월요일 날 끝나고, 저희 또 5월 달에 '엄마랑 함께하장' 열리거든요. 그래서 제가 지난번에 맡았던 팀이 양말목 팀이에요. 그래 가지고 지금, 그때는 양말목을 저희가 조금밖에 못 만들어가지고 이틀 동안 장을 했는데 하루 만에 그게 다 나가고 없었거든요. 그래 가지고 그다음 날은 체험 위주로밖에 진행을 못 했어요. 그래서 이번에는 한 100개 정도 여유 있게 만들어놓고 시작하자 그래서 시간 나는 대로 틈틈이 나와가지고 여기서 양말목 하고 있고요.

면담자	공방에 가는 거죠?
고운 엄마	예예, 공방에 가면 틀 하고.
면담자	저도 한 10개 만들었어요(웃음).
고운 엄마	네, 목요일 날은 목공방 수업 있어서 수업에 참여했고 금요일 날은 또 교육청 피케팅 갔다 오고. 저녁에 상록수에 피케팅도 갔어야 했는데 못 갔어요, 피곤해 가지고. 네, 목요일 날 그 목공방 수업 여파 때문에. 하루 종일 서 있었더니 다리도 아프고 그래서 금요일 날은 교육청 피케팅밖에 못 갔다 왔어요. 상록수는 못 갔어요. 그리고 어제 토요일 날은 '소생길'에 강원도, 세종시, 대전, 여러 곳에서 한 200명 정도 왔거든요. 근데 저희 1반이 대전 간담회를 맡아놓고 다녔거든요. 그래서 인연이 깊어서 대전 분들 오신다고 그래 가지고, 저희 1반이 그래도 인연이 깊으니까 안산 오시는데 손님맞이를 해주는 게 맞는 거 같다고 그래 가지고, 저희 1반 [부모님들] 어제 몇 분 나오셔서 대전 분들 오셨다 가신 거 보고 목공방에서 남아가지고, 목공 저기 양말목 조금 하다가 가고 그랬어요. 비슷해요, 그 날이 그 날이에요.
면담자	아버님은 어떻게 지내세요?
고운 엄마	거기 팽목에 있어요.
면담자	지금 계속 계시는 거예요?
고운 엄마	네, 왔다 갔다 하고.

3
참사 당일과 팽목항 경험

면담자   오늘은 소식 듣고 내려가는 순간부터 진도 팽목에서 경험하시거나 아니면 보고 목격하신 것 중에 남기고 싶은 이야기들 얘기를 해주시면 되고요.

고운 엄마   제가 아침에… 전날 자면서 꿈을 꿨거든요. 근데 꿈이 뒤숭숭해 가지고, 아침에 출근해서 전날 결산해서 넘겨 주고 바로 컴퓨터 인터넷 들어가서 보니까 인터넷 뉴스에 그게 떴더라고요. 근데 그때까지만 해도 학교 이름은 안 써졌었어요, 그냥 사고에 대해서만 나오고. 근데 모르겠어요, 그냥 직감적으로 우리 애들이라는 걸 알고 바로 사무실에서, 사무실이 화랑유원지 길 건너편이거든요.

바로 학교로 찾아갔을 때 학부모님들 그때는 9시 한 20분에서 30분 사이였으니까요. 그때는 학부모들이 학교에 몇 분 안 와 계시더라고요. 근데 그때 처음에 1층 교무실로 찾아갔다가 또 지하에, 지하에 모여 있으라고 그래 가지고 지하에 갔다가, 또 교실에 갔다가, 강당에 갔다가, 한 네 군데를 옮겨 다니면서 다닌 거 같아요. 근데 그때는 출근하기 전에 7시 15분인가 제가 [고운이한테] 잘 도착했냐고 문자를 보냈었거든요, 근데 답이 없었어요. 지금 생각해 보면 사고 소식 전해 들었을 때 고운이한테, 지금 생각해 보면 [왜] 고운이한테 전화 한 통도 못 해봤는지 모르겠어요. 경황이 없어서 그랬는지 모르겠는데 그냥 사람들이 많이 전화가 잘 안 터져서 통화 못 했던 분도 많긴 한데 고운이도 전화도 없었고, 지금도 왜 엄마한테 전화 한 통화를 못 했는지 모르겠고. 저는 그때 경황이 없어서 고운이한테 전화를 해봐야 되겠다는 생각을, 지금 생각해 보면 바보같이 그 생각을 못 했던 거 같아요. 그냥 학교에 쫓아가서 그 사고 소식을 TV로 접하면서 그냥 고운이 이름 부르면서 울…운 거 말고는 아무것도 한 게 없는 거 같아요.

강당에 마지막에 다 모여서 전원 구조했다는 소식 들었을 때 학부모들이 다들 "내 눈으로 확인하기 전에는 믿을 수가 없다. 직접 내려가서 봐야 되겠다"라고 많이 얘기를 해서 그때 뒤늦게 안산 시장이 단원고 강당으로 왔었거든요. 그래서 그때 버스를 대절해서 진도로 내려가게끔 해드린다고 그래 가지고 저희가 강당에서 기다리고 있다가 밖으로 나와가지고 버스를 타고 진도로 내려갔어요. 근데 버스 타고 내려가는 그 버스 안에서도… '살아 있겠지, 내려가면 만날 수 있겠지' 그 생각만 갖고 내려가서 막상 진도체육관 도착해서 보니까 아이들이 몇 명 없더라고요. 그래서 아이들이 그때 물속에서 나와서 그런지 다 담요를 두르고 있었거든요. 1반 아이들 어딨는지 찾아가지고 그곳에 가가지고 우리 고운이 봤냐고 우리 고운이 어딨냐고 아무리 물어봐도 본 애들이 없더라고. 그래서 몇 번이고 아이들한테 물어봤는데 보질 못했다고 그래서 안에도 그렇고, 밖에도 아이들, 생존자 아이들 명단이 있었거든요. 근데 명단을 아무리 살펴봐도 고운이 이름이 없더라고요….

고운 엄마 윤명순

몇 번이고 확인했는데 고운이 이름이 없었어요. 그래서 그때 부모님들이 다 그곳에 진도체육관에 [아이가] 없는, 체육관에 없는 애들 부모들은 다 안 되겠다, 우리 애들 여기 없으니까 팽목항으로 다시, 팽목항으로 가보자고 그래 가지고, 거기 진도체육관에 도착했던 부모님들 다 타고 왔던 버스를 타고 팽목항에를 들어갔어요. 근데 팽목항에 들어갔을 때는 거의 시간상으론 모르겠는데 거의 해가, 해가 져서… 그때 우리가 도착했을 때는 그냥 천막 몇 개 정도 있었던 거. 지금은 시간이 지나서 그런 것도 있지만 그때 그냥 경황이, 경황이 없었기 때문에 그곳에서의 기억이 별로 없어요. 그냥 기억에 천막 몇 개 있었던 거 기억나고.

그때는 그냥 바다 바라보면서 다들 엄마, 아빠가 바다 바라보면서 자기 아이들 이름 부르는 게 다였고. 아빠들 몇몇은 그때 배를 각자 사비를 들여서 배를 구입해 가지고 거기 배 침몰한 곳에 다녀왔었고요, 고운이 아빠도 그렇고. 저 같은 경우는 다른 엄마들이랑, 거기 팽목항에 보면은 대합실이 있어요. 거기서 밤새… 밤새면서 애들… 저 같은 경우는 모르겠어요. 제가 그 전에 고운이 전화 들어왔던 게 찍힌 거를 잘못 본 건지 모르겠는데 그때 당시에… 지금 생각하면 잘못 본 걸 거예요, 그날 고운이가 전화한, 전화한 목록이 있어서 고운이가 살아 있는 거 아닐까라는 그런 착각도 일으켜 가지고. 저 같은 경우는 고운이 초등학교 때부터 친하게 지낸 윤희가 있거든요. 윤희 엄마랑 같이 하루 거기 팽목항에서 지내고. 거기가 되게 있기가, 여건이 되게 열악했어요, 천막 몇 동이 전부였고. 그래서 일부 부모님들은 다시 주로 아빠들이 있고, 저 같은 경우는 윤희 엄마랑 저랑 다시 팽목항에서 하룻밤 지내고.

4
진도체육관의 경험

고운 엄마   그날 아침에 다시 진도체육관으로, 나와가지고 진도체육관으로 가니까 부모님들이 자리 잡고, 맨 끝 쪽에 자리가, 맨 끝 쪽밖에 자리가 안 남아 있더라고요. 그래서 거기서 짐… 짐도 없어요, 그냥. 옷 입은 채로 그대로 내려갔으니까, 저희 작은아이 집에다 혼자 놔두고. 맨 끝에서 지내고, 아빠는 팽목항에서 계속 고운이 찾아서 올라올 때까지 팽목항에 계속 있었죠. 그니까 제가 팽목항에서 하루 있다가 나와가지고 팽목항에서 있었던 일이나 경험 같은 거는 제가 거의 없어요. 하루 전날, 하루만 있다가 나왔기 때문에.

그때는 그냥 부모들이 다 바다 바라보면서 애들 이름 부른 게 전부였고. 저희는 그때까지만 해도 매스컴에서 언론에서 했던 얘기 그대로 믿었고, 열심히 수색해서 애들 찾는 줄만 알았고. 그래서 저는 진도체육관에 건너 와가지고 한 3일? 3일까지는…… 살아 있을 거라고 믿고서 기다리고 있었거든요. 근데 하루하루 지나면서 3일째 되는 날은 에어포켓에 [공기] 주입도 한다고 그랬고. 근데 지금, 지금에 와서야 그게 다 거짓말인 걸 알았잖아요. 근데 그때 당시에는 에어포켓 주입도 한다고 그랬던 것도 다 그대로 믿었기 때문에 '그렇게 되면 아이들이 안에서 숨도 제대로 쉴 수 있고 그래도 2, 3일은 버틸 수 있겠지' 그 생각에 그냥 막연하게 '우리 애들 그 배 속에서 그냥 살아 있겠지, 살아서 돌아오겠지'[했어요]. 지금 생각하면 그런 기대 때문에, 그런 기대 때문에 그냥 버티고 기다릴 수 있었던 거 같아요. 근데 3일 지나가면서부터는 '우리 애들 이제는 살아 있을 수가 없겠구나…'.

저 같은 경우는 한 3일은 애들이 배 속에서 살아서 구조 기다리고 있을 거란 생각 때문에 그 기대 때문에 버틸 수 있었고, 그렇게 심각하게 생각은 안 했거든요. 그리고 관계자분들이 다 [잠수사] 250명이 투입이 돼가지고 수색을 하고 있고 에어포켓 공기 주입도 하고 있[다고 말했]고. 저희는 눈으로 보지를 않았기 때문에 그때 당시에는 그렇게 모든 작업이 이루어지는 줄만 알았으니까. 근데 저희가… (한숨) 그냥 살아서 돌아오기만을 바라는 마음과 기다리는 거 말고는 아무것도 할 수 있는 게 없었고, 부모로서 아무것도 할 수 없고 해줄 수도 없는 그런 상황에서 참 무지하다는 걸 느꼈고. 그 관계자들이 다 하는 얘기를 그대로만 믿고 있었던 게 지금 보면은 참 힘없는 부모 밑에서… 태어나게 한 것도 미안하고.

근데 박근혜가 거기 진도체육관에까지 왔었거든요. '그래도 우리나라가 선진국인데, 저렇게 열심히 수색하고 저렇게 열심히 하고 있으니까 우리 애들 다 돌아오겠지' 그러고 있는데 3일 지나고 나서부터는 아빠들도 그러더라고요, "이제는 포기해라. 포기하고 마음 단단히 먹고 있어라"고. 근데 그 포기가 안 되더라고. 현실은 그렇지 않은데 제 스스로 그렇게 인정하기 싫고 믿기 싫었던 거 같아요. 그래서 저희가… (눈물을 훔침) 아무것도 할 수도 없고 그냥 체육관에서 손 놓고 있었던… 그때 무슨 정신으로 거기 버티고 있었는지 모르겠어요…(침묵).

면담자　　　어머니, 잠깐 쉬었다가 할까요?

고운 엄마　　아니요. 그때 저희 부모들끼리도 많이 싸웠었고요. 지금, 지금에 와서야 그때 잠수부들도 투입된 것도 다 거짓이었고, 에어포켓도 없었다는 것도 시간이 지나서 알았었고. 근데 저희, 저희가 저희끼리도 많이 싸우고, 관계자들이 그때그때 브리핑할 때도 저희 요구를 많이 얘길 해도 제대로 안 들어주고 그러니까. 거기 진도체육관 내려가서 며칠째 되는 날이었는지는 모르겠어요, 근데 저희들이 직접 우리가 얘기하는 요구를 안 들어주니까 우리가 청와대로 직접 찾아가서 얘기해야 되겠다고, 부모네들이 그때 체육관에서 다 걸어서라도 청와대 가겠다고 그래서 저희 부모들이 다 체육관에서 나왔던 적이 있었거든요. 근데 저희가 체육관에서 나와가지고 불과 몇 분 안 돼서 경찰들이 그때 다 가로막았어요, 못 가게.

　　근데 그때 당시에 저희들은 죽이고 뭐고 먹는 것도 제대로 못 먹었거든요. 근데 그런 부모들이 걸어서라도 청와대 가겠다고 나왔는데 불과 몇 분 안 돼가지고 경찰 병력이 저희를 다 가로막았거든요. 근데 지금… 지금은 왜 그렇게 우리들을 가로막았는지 지금은 이해가 가지만, 그때 당시에는 왜 우리가 청와대를 가겠다고 했을 때 불과 몇 분도 되지 않아서 경찰 병력을 투입해 가지고 우리 부모네들을 가로막았는지, 그리고 거기서 한참 실갱이하다가 저희가 진도대교쯤 해서 걸어갔을 때 거기서도 가로막혀 가지고 못 가고 거기서 지내다가 체육관으로 다시 돌아왔었거든요. 그러니깐… 그때도… 왜 우리 유가족들한테 그랬어야만 했는지, 왜 우리 유가족들이 청와대를 찾아가면 안 되는 거였는지, 왜 경찰 병력까지 투입을 해서 우리를 가로막았는지 그때는 이해가 안 갔었어요.

저 같은 경우는 제가 처음에도 말씀드렸다시피 제가 그곳[진도]에 6일 있다가 올라왔거든요? 근데 별다르게 경험한 게 없어요. 그리고 기억도 잘 안 나고. 그래서 제가 그냥 하루 종일 그냥 자리에, 그 진도대교 갔다가 나갔다가 온 뒤로는 그냥 고운이 생각하면서 그냥 누워 있던 게 다였던 거 같아요…. 제가 경험했던 게 별로 없어요.

면담자 진도대교에서 막혔다고 얘기하셨는데, 그때 어떤 요구를 가지고 나갔던 거였는지 좀 설명해 주세요.

고운 엄마 저희가 그때 당시에, 지금은 이성을 갖고 여러 가지 요구를 했겠지만, 그때 당시에는 저희가 내려간 이후로 살아서 구조한 애들도 없었고, 한 3일까지는 아이들 데리고 나온 [경우가] 단 한 명도 없었거든요. 그니까 저희 부모들은 그때 당시에는 다 포기를 한 상태였으니까요. 그러니까 빨리, 하루빨리라도 수색을 해서 우리 아이들 찾아달라고, 그 한 가지였어요, 그때는. 다른 건 없었어요. 그 요구 사항을 들고 청와대를 찾아가려고 했던 그 이유 단 한 가지였어요, 그때 당시에는 그것 말고는 없었으니까.

면담자　　　관계자들이랑 이야기를 하는데 좀 안 들어주는 것 같다고 얘길 하셨잖아요. 그래서 청와대로 가자고 하셨는데, 관계자들이 어떤 반응이었던가요?

고운 엄마　　　그니까 아빠, 아빠분들은 수색 잠수부 255명을 투입했다고 그렇게 얘기하는 거에 대해서, 그게 맞는 사실인 건지, 지금 수색하고 있는 게 맞는 건지, 그런 거를 다 물어봐도 그쪽에서는 250명 투입해서 수색을 하고 있고, 헬기도 몇 대를 투입해서 하고 있고, 다 그런 거에 대해서 저희가 처음에는 그냥 얘기하는 그대로 믿었었는데, 나중에는 저희 부모님들이 [볼 때] 결과가 없으니까요.

　　그리고 아빠들이 직접, 팽목에 있는 아빠들이 직접 사비를 털어서 배를 타고 거기 세월호 침몰한 곳에 나가 보니까 실제로 수색하고 있는 사람, 잠수하고 있는 사람들은 불과 몇 명에 불과했거든요. 그래서 [잠수사가] 몇 명에 불과했고, 그때 같은 경우는 그냥 주위만 왔다 갔다 하는 걸 직접 부모님들이 목격했고. 그런 걸 이제 배 타고 나가서 직접 눈으로 보고 나서부터는 저희 유가족들이 믿지를 않았거든요. 그때부터는 "현장에 가보니까 이러이러하더라

그러는데 어디 250명 잠수부가 투입이 됐느냐" 그런 거를 묻고 따지고, 그런 상황에서도 그 사람들은 실제로 그게 사실인 양 저희 부모님들한테 그렇게 얘기를 했었어요. 그래서 진실을, 사실을 얘기해 주기를 많이 저희가 요구를 했었죠. 근데 언론에 나가는 거나 저희한테 브리핑하는 거는 달라지는 게 없었어요.

면담자   아버님이 첫날 배를 타고 나가셨다고 얘기를 했는데, 갔다 오고 나서 어머님한테 특별히 다르게 해주신 얘기는 없으세요?

고운 엄마   그때 저희 첫날, 팽목에 도착해서 배 타고 나갔을 때도 배가 다 가라앉고 일부는 앞머리만 남아 있었으니까, 그때 나갔던 상황도 제가 아까 얘기했던 것처럼 수색 작업이라든가 이런 게 전혀 이뤄지지 않고 있었다고 그러더라고요…. 그니까 저희 부모들이 사적으로 배를 타고 나가보지 않았으면 저희가 거기 아이들 다 찾아올 때까지 아마 관계자들이 브리핑한 그대로, 그대로 아마 믿고 그런 줄만 알고 있었을 거예요. 근데 첫날 몇몇 아빠들이 배 타고 나간 이후로도, 그 이후로도 저희 유가족들이 배를 여러 번 빌려가지고 타고 나갔다 온 걸로 제가 전해 들었거든요. 그러니까 [고운이] 아빠가 첫날도 나갔을 때 작업이 딱히 이뤄지는 게 없다고 얘기했었어요.

그니까 3일 동안에는, 지금은 이제 다 밝혀져서 알고 있을 거예요. 3일 동안에는 전혀 수색 작업이 이뤄지지 않은 거를 저희가 그

뒤에 안 거죠. 그때 당시에는 "255명을 투입해서 수색 작업을 하고 있다"라고 저희한테 브리핑을 했는데, 지금 지나서 그때 상황을 보면 3일 동안 아무런 작업도 이뤄지지 않았어요. 그니까 저희 부모님들이 따로 나갔다 오지 않았으면 그 사실을 몰랐을 거에요. 그니까 저희는 아무런 수색 작업도 이뤄지지 않고 있는 그 3일 동안, 부모님들은 '내 새끼 살아 있겠지. 에어포켓에 공기 주입하면은 그 공기 마셔가면서 살아 있겠지, 살 수 있겠지, 무사히 나오겠지' 그런 희망을 갖고 기다렸는데… 헛된 희망이었어요. 저 애들이 살아올 수…도 없는 상황이었어요. 아무런 조치도 취하지도 않았고 아무런 수색 작업도 하지도 않았고. 진짜 3일 동안 손 놓고 그냥 바라보고만 있었더라고요.

그러니까 지금 저희 부모들이 그래요. "아, 애들 죽기 기다렸다. 아이들 죽기 기다리느라고 3일 동안 아무런 행동도 하지도 않았고 손도 쓰지도 않았고". 실제로 그랬어요. 네, 잠수부 두 명 투입해 가지고 그냥 배 주위만 왔다 갔다 하는 거 우리 유가족들이 직접 목격을 했고. 에어포켓에 공기 주입하는 것도 아예 없었던 건데 있었던 사실처럼 저희 유가족들한테 희망을 갖게끔 만들었던 것도 그것도 허위 사실이었고, 3일 동안 아무런 작업도 이뤄지지 않았어요. 저 애들 그냥 진짜 죽길 기다렸다가 데리고 오느라고 그냥 손 놓고 있었다는 것밖에는 안 되는 것 같아요…. 어떻게 그럴 수가 있는지… 이해가 안 가죠. 어떻게 3일 동안 아무런 것도 하지도 않고 그렇게 손 놓고 보고만 있었는지, 무슨 이유에서 그랬는지…, (눈물을 닦으며) 모르겠어요. 3일 지나고 나서부터 이제 아이들… 인상착의 얘기해 주면서… 인상착의가 뜨면 그 부모들이 한둘씩 체육관 떠날 때마다… '내 새끼는 언제 올라오지?' 이러다가 다들 다 찾아가지고 체육관 떠날 때, '내가 끝까지 이곳에 남아 있으면 어떻게 하지?' 그런, 그런 걱정으로 계속 시간을 보냈던 거 같아요. 다들 지금 이렇게 얘기하다 보면 다른 부모님들도 아이들 한둘씩 찾아서 부모들이 빠져나갈 때 내가 마지막까지 남는 부모가 될까 봐 많이 두려웠다고 그러더라고요, 저도 마찬가지였고. '다 찾고 내 새끼만 못 찾으면 어떻게 하지? 내가 마지막까지 여기 남아 있게 되면 어떻게 하지?' 그런 걱정으로… (한숨) 4일째, 5일째, 6일째 그런 두려움을 갖고 기다렸던 거 같아요. 그러면 저희 관계자들이 나와서 브리핑할 때마다 저희 부모님들은 '빨리 어떤 방법을 동원해서라도 빨리 아이들 찾아내라'고 그렇게 소리 지르면서 그런 거 요구했던 거 말고는 할 수 있는 게 없었어요. 그야말로 그냥… 아수라장이었죠.

면담자 윤희 어머님이랑 같이 계셨던 거예요?

고운 엄마 네, 윤희 엄마하고 저하고는 진도체육관에 있었고 윤희 아버님하고 고운이 아빠는 팽목에 있다가 잠깐씩 체육관에 와서 들렀다가 이렇게 들어가서 계속 팽목에 있었어요.

면담자 어느 정도 지나면 1반 부모님들이 모여서 서로 연락처들 공유하고 반별로 모임이 있었잖아요.

고운 엄마   (한숨) 저희가 체육관에 내려가 가지고 제가 작은아이 때문에, 고운이를 7일 만에 찾았는데 제가 6일 만에 올라왔었거든요, 안산에. 며칠째부터 그랬는지는 기억에 없는데 이제 며칠 지나고 나서부터는… 그때는 딱히 누가, 지금은 위원장도 정해져 있고 이렇게 정해져 있지만 그때는 다 같은 부모 입장이다 보니까 누가 나서서 체계적으로 일을 진행하는 부분이 없었어요.

며칠 지나고 나서는 그래도 같은 반끼리라도 모여서 서로 연락처 다 공유하면서 그렇게 지냈던 게 며칠인지는 정확하게 기억을 못 하겠는데, 저희가 반별로 모아가지고 서로 연락처며 엄마, 아빠 이름이랑 다 적어가지고 공유를 하고, 그다음에 저희가 반이랑 아이 이름 써가지고 목걸이, 명찰을 달고 있었거든요. 그리고 저희가 왜 그거를 갖다가 반별로 모여가지고 반이랑 아이 이름을 쓴 명찰을 목에다 걸고 있었냐면, 그때 당시에 저희 유가족들이, 유가족 아닌 정부 쪽에 관계자들이나 이런 사람들이 저희 유가족들이 하는 얘기를 듣고서 그 사람들한테 전달을 하고 그런 일이 빈번하게 일어나다 보니까, 유가족하고 유가족 아닌 사람하고 구분을 짓기 위해서 저희가 그렇게 했거든요. 그런데 그거 말고는 딱히 반별로 움직인다든가 그런 건 없었어요. 유가족하고 아닌 사람들하고 구분을 짓기 위해서 명찰을 착용하고 있었죠.

그리고 이제 거기 팽목에 있다가 그 상황 같은 거, 배 타고 들어가서 보거나 그 상황 같은 거 보고 나서 진도체육관에 건너오시면 강단에 올라가 가지고 '지금 팽목 상황이 이런 이런 상황이다'라고

고운 엄마 윤명순

전달을 해줘서 듣고 있었고 그러니까.

면담자   그거는 팽목에서 오신 부모님들이 설명을 해주셨던 거예요? 관계자들이?

고운 엄마   관계자들이 브리핑하는 거는, 그때 TV나 뭐 매체를 통해서 뉴스로 나갔던 그 상황은 저희도 똑같이 들었고요. 그니까 저희가 왜 그 사람들을 못 믿고 불신을 갖게 됐냐면요, 아빠들이 팽목에 가서 직접 배 타고 들어가서 보고, 그 팽목에서 직접 본 상황들을 강당에 와서 설명을 해주고 나서부터[알게 된 거예요]. 저희가 관계자들이 브리핑한 내용대로 수색 작업이라든가, 잠수부라든가, 헬기라든가, 에어포켓이라든가, 에어포켓은 저희 부모들이 거기[체육관에] 있을 때도 관계자들이 얘기한 그대로 믿고 있었어요, 저희가 그거는 자세하게 모르니까.

근데 잠수부, 헬기, 수색 작업을 하고 있다고 얘기하는 거는, 부모님들이 팽목에 있으면서 배 타고 들어갔다가 나오고 그런 거 본 게 있으니까 며칠이 지나고 나서부터 이제 이 사람들이 브리핑한 그대로가 아니라는 걸 저희가 이제 알게 되고 나서부터는, "지금 너희들이 얘기하는 게 맞냐, 지금 수색 작업 하고 있지도 않은데 왜 수색 작업을 하고 있다고 얘기를 하느냐" 그런 것들을 저희가 브리핑할 때마다 아빠들이 앞에 나가가지고 따지게 됐던 거죠. "그게 사실 맞냐, 우리가 배 타고 들어가서 봤을 때는 잠수부도 몇 명밖에 없었는데 어디 255명이 있느냐". 수색 작업도 며칠 동안 손

놓고 아무것도 하지 않았다는 거를 부모님들이 배 타고 들어가서 직접 눈으로 확인을 하고 나서 알았거든요. 그렇게 부모님들이 하지를 않았으면 저는 관계자들이 브리핑한 그대로만 믿고 있었겠죠. 근데 저희가 손 놓고 볼 수… 저희 부모님들이 잠수를 해서 애들을 데리고 올 수도 없는 거고. 그니깐 아무것도 할 수가 없잖아요. 손 놓고 보고만 있어야 되는데 그러기에는 아무것도 안 하고 있기에는 너무… 부모 자신들이 무지한 거 같고, 너무 못 견디겠으니까 고작 할 수 있는 일이라는 게 사비를 털어서 배를, 조그만 배를 빌려가지고 그 배가[세월호가] 있는 곳에 [부모님들이] 몇 번을 들어갔다 나왔는지를 모르겠어요. 근데 부모들이 할 수 있었던 게 그게 다였어요. 사비를 털어서 배 타고 나가가지고 그 현장을 갔다가 보고 온 거 말고는 할 수 있었던 게 없었어요. 그래서 저희들이 그거를 했기 때문에 관계자들이 브리핑을 한 게 전부가 사실이 아니라는 거를 며칠이 지나고 난 다음에 알았던 거죠.

수색 작업을 하고 있다고 브리핑을 했는데 부모님들이 가서 보면 수색 작업도 이뤄지지도 않고 잠수부들도 보이지도 않거든요. 고작 몇 명 보일 뿐이고, 그냥 그 주위만 왔다 갔다 할 뿐이고. 직접 들어갔던 부모들이 해경 배를 향해서 "언제 수색 작업을 할 거냐, 왜 안 하냐" 그렇게 소리 높여서 부르고 따져도 아무 대답도 듣지도 못했다고 그렇게 전해 들었으니까. 실제로도 한 3일 동안은 아무런 작업도 하지도 않았더라고. 그니까 왜 그랬는지 모르겠어요. 왜 3일 동안 아무것도 안 하고 그냥 손 놓고 보고만 있었는지…. 그런 상황이었는데 부모들은 아무것도 모르고 내 새끼 살아 있을 거라고만 믿고 희망을 갖고 기다렸던 거 생각하면, 참 한심스럽죠…. 지금 저희가 진실을 밝히려고 하는 이유가 다 그런 것도 다 포함되겠죠. 왜 애들이 살아 있을 가능성이 있는 그 시간대에 아무것도 안 하고 손 놓고 있었는지, 지금도 정확하게 모르고 있으니까요.

5
고운이 돌아오기 전날부터 장례까지

면담자   어머님께서 작은아이 때문에 잠깐 올라가셨다고 얘기해 주시긴 했는데, 그 상황 조금 더 자세히 말씀해 주세요.

고운 엄마   저희 고운이하고 동생하고 2살 터울이거든요. 저희 작은애가 중3이었죠. 사고 소식 접하고 학교에 쫓아가 가지고 버스 타고 바로 진도로 내려간 상황이었으니까요. 그니까 저희 아이한테 아무런 말도 없이 진도로 그냥 내려간 상황이었고, 진도로 내려가는 버스 안에서 통화를 했는지 잘 모르겠네요.

근데 저희 아이는 학교에서 그 사고 소식을 접했더라고요. 그냥 저희 작은아이는 안중에도 없었어요. 그냥 사고 소식 듣고 버스 타고 진도 내려가 가지고 큰아이 생각 말고는 작은아이는 안중에도 없었고. 근데 저희 작은아이한테 그냥 전화 통화 간단하게 하면서 "엄마, 아빠 진도에 내려와 있으니까, 진도에 내려와 있다"고. 저희 작은아이가 "엄마, 누나 살아서 돌아올 거니까 걱정하지 마"[라고 하고]. 그리고 통화해 놓고 저희 큰언니가 거기 진도체육관에를 왔다가 갔거든요. 그래서 저희 언니한테 부탁을 했죠. "집에 ○○이 혼자 있으니까 밑반찬이라도 해서 갖다줘라, 밥 먹을 수 있게". 언니가 밑반찬을 해서 집에를 갔는데 집에 불도 안 켜고, 고운이가 키우는 강아지가 있거든요, 집에 불도 안 키고 그 강아지를 끌어안고 그 껌껌한 방에 누워 있었나 봐요, 그냥. 그러니까 언니가 가서 그거 보고 와서 고운이도 고운이지만 ○○이도 한번 와서 살펴보고 내려가더라도 한번 올라왔다 가라고…(눈물을 훔침).

그 소리를 듣고도 제가 안산에를 바로 못 올라왔어요. '체육관을 떠나고 없을 때 고운이가 나오면 어떻게 하지?'라는 그런 생각 때문에 그런 소리를 전해 듣고도 못 올라가겠더라고요…. '그래서 하루만 더 기다렸다가 올라가야지, 하루만 더 기다렸다가 올라가야지, 나 없을 때 고운이 올라오면 어떻게 하지' 그래서 한 3일인가를 그렇게 보내고 도저히 안 되겠어서… 월요일 날, '금요일 날 올라갈까? 하루만 더 있어야지', '그러면 토요일 날 올라갈까? 아니야 나 없을 때 고운이가 올라오면 어떡해. 하루만 더 기다려야지'[그랬어요]. 그래서 일요일 날 기다렸다가 월요일 날 윤희 엄마하고 같이 올라왔어요. 윤희도 동생이 있는데 저희 작은애하고 같은 동갑이거든요. "우리 올라가서 애들 보고 그리고 다시 내려오자" 그러고선 월요일 날 올라왔거든요. 근데 월요일 날 올라온, 올라오고 다음 날 아빠한테서 고운이 찾았다고, 찾아서 올라가면 6시 좀 넘을 것 같다고 그렇게 연락이 왔어요. 근데 그때 당시에… 고운이한테 너무너무 미안했어요. 하루만 더 기다렸으면 고운이 올라오는 거 보고 같이 데리고 올라올 수 있었는데, 그걸 못 기다리고 안산에 올라온 게 고운이한테 너무너무 미안하더라고(눈물을 훔침). 그래서 고운이를 찾아서 얼굴을 볼 수 있었던 게 병원 도착해서 영안실 들어가기 전, 직전에 그 잠깐 얼굴 본 게 다거든요. 그래서 아, 내가 진도체육관에서 기다리고 있었으면 고운이 올라왔을 때부터 병원에 가서 고운인 거 확인하고, 그런 확인 작업하고, 또 고운이 데리고 진도에서 안산 올라올 때까지 그렇게 많은 시간들을 고운이 얼굴을 볼 수 있었던 시간을 놓친 게 고운이한테 미안하고 저한테 너무너무 많이 아쉽더라고……. 고운이 찾아서 안산까지 올라오는 동안에 고운이 손도 잡아보고 고운이를 더 많이 볼 수 있었던 시간을… 놓쳐버린 게 너무너무 아쉬워요……(눈물을 닦음).

면담자   ○○이는 엄마가 올라와서 좀 놀랬을 것 같고 여러 가지 생각이 들었을 것 같은데요.

고운 엄마   지금도 그렇지만 그때는 그냥… 별다른 말 없었어요, 서로. 저는 고운이를 못 찾은 상태였기 때문에 ○○이한테 별다른 말을 하지 않았었고, 저희 ○○이도 엄마 왔을 때 표현 같은 것도 안 하고. 그냥 제가 월요일 날 진도에서 출발해 가지고 왔을 때 벌써 오후였으니까요. 그때 제가 ○○이가 혼자 있으니깐 "[사친]형, 형을 가서 있으라 그럴까 아니면 이모부 가서 있으라 그럴까?" 그래도 얘가 다 거부를 하더라고요, 혼자 있겠다고. 그래서 그때 당시에는 누가 옆에 있었던 게 더 부담이었고 싫었던 모양이에요, 아무도 못 오게 하더라고요. 제가 와가지고 왜 형이라도 옆에 있게 하든지, 이모 옆에 있게 하든지 그러지, 왜 아무도 못 오게 하냐고 [물으니까] 싫다고 혼자 있는 게 더 낫다고 그래서 그런 거라고. 그 얘기만 주고받았고 그냥 그날 저녁에 그냥 자고 나서 그다음 날 아침에 소식이 왔으니까, 진짜 너무너무 미안하더라고요, 고운이한테. 하루만 더 참고 있었으면…. 가는 것도 지켜주지도 못했고, 올라왔을 때도 기다렸다가 맞아주지도 못하고 그리고 안산에 올라와 버린 게 너무 미안하더라고…. 아빠랑 같이 데리고 안산까지 올라왔으면 그 긴 시간 동안 고운이를 많이 볼 수 있었는데…. 병원에서 그냥 영안실 들어가기 전에 잠깐 본 게 다예요. (울먹이며) 손도 잡아주지도 못했어요. 병원에 올라왔을 때 그냥 고운이 얼굴만 쓰다듬으면서 우느라고 고운이 손도 잡아주지도 못하고…. 고운이는 맨발이었거든요, 신발 안 신고 있었고. 얼굴부터 발끝까지 찬찬히 다 살펴보지도 못했어요. 그거를 다 살펴보면서… 살펴보고 구석구석 손으로 다 만져보면서 머릿속으로 기억하고 눈으로 다, 눈으로 다 넣어놨어야 되는데 얼굴만 쓰다듬으면서 우느라고…. 지금 생각하면 후회되는 게 한두 가지가 아니에요(눈물을 닦음).

면담자   고운이를 데리고 와서 장례 치르는데 혹시 기억에 남는 게 있으세요?

고운 엄마 윤명순

고운 엄마　　그때 저희 고운이 찾을 때쯤이 아마 애들이 제일 많이 올라왔었어요. 저희 고운이 같은 경우는 고대병원 장례식장에 자리가 없었어요. 그래서 하루 기다렸다가 이틀째 되는 날 자리가 나가지고 치렀거든요…. 지금 생각해 보면 장례식도 어떻게 치렀는지도 모르겠어요. 장례식장에 첫날… 손님들 다 왔다 가고 난 다음에… 침대에 누웠는데, '이렇게 그냥 눈 감고 그다음 날 눈 안 떴으면 좋겠다, 고운이 따라서 갔으면 좋겠다' 그런 생각이 막, 첫날은 되게 많이 그런 생각이 들더라고요.

여기 안산에 하늘공원이 있거든요. 근데 가까이에 데려다 놔야지 자주 볼 수 있고 매일 갈 수 있을 거 같아서 하늘공원으로 정했다가, 거기는 시설이 좀 좋지 않다고 그래 가지고 저희가 서호[추모공원]로 바꿔가지고 서호로 데려왔거든요. 근데 지금도… 어떻게 이런 일이 일어났는지…, 꿈같을 때도 있고…. 저 같은 경우는 이사도 안 가고 고운이 방, 고운이 물건 그대로 있거든요…. 그냥 저는 그냥 고운이 물건 고대로, 그냥 저 갈 때까지 같이 간직하고 있다가 갈 것 같애, 못 없애겠더라고요(눈물을 닦음).

6
고운이를 기다리는 강아지 곰순이

면담자　　고운이가 키우던 강아지도 되게 힘들어하는 것 같던데요.

고운 엄마　　고운이가 동물을 되게 좋아해요. 근데 강아지를 초등학교 때부터 키우자고 그러는데 강아지 잠깐잠깐 보는 건 괜찮아도 집에서 키우는 건 보통 일 아니거든요. 그래서 제가 못 키운다고 반대를 했어요. 한 4년? 가까이 조르다가 지금 곰순이 키우기 시작한 건데, 고운이 중학교 1학년 11월 초엔가 키우기 시작했거든요. 고운이가 4년? 4년 키웠죠.

　　근데 그게 다 제 일이에요. 애들은 입으로만 이쁘다고 그러지, 제가 산책도 제가 시키고 목욕도 제가 시키고. 근데 그때 당시에는 털도 많이 빠지거든요. 그니까 막 옷에도 털 묻고 그러다 보니까 키우면서도 제가 그걸로 인해서 고운이한테 잔소리를 많이 했거든요. 근데 지금 지나고 나면 다 후회되는 일밖에 없는데, 조금 더 일찍 사줄걸…. 고운이가 그 강아지 사진 찍어놓은 게 유심 칩으로 하나가 들어 있더라고요, 사진에 짧은 동영상 찍어가지고. 그리고 애기 때는 바닥에 내려놓지를 않았거든요, 막 안고 다니느라고. 그리고 잠도 고운이랑 같이 자고. 그래서 고운이 사고 나고 나서…. [강아지] 이름이 곰순이거든요. 곰순이도 많이 힘들어했다는 거를 알 수 있는 게, 탈모가 왔었어요, 탈모도 그냥 심하게. 그냥 잡으면 잡은 만큼 털이 뽑혔었거든요. 그래서 저는 처음에 어디가 아파서 그런 줄 알고 그랬는데 시간이 지나고 나서 괜찮아졌는데, 탈모가 그 정도로 심하게 왔었어요.

　　그니간 고운이 방을 24시간 방문을 활짝 열어놓거든요. 근데 고운이 방에 절대 안 들어가요. 아들 방하고 안방하고만 왔다 갔다 하지 24시간 열어놨는데도 거기는 절대 안 들어가요. 또 들어갈 때는 제가, 제가 들어갈 때만 따라 들어갔다가 제가 나올 때 바로 따라 나와요. 이거는 이상하게 안 들어가더라고요. 혼자는 안 들어가요. 우연인지는 모르겠지만 1주기 때 4월 달에 아파가지고 입원을, 한 열흘 가까이 입원했다가 나왔거든요. 그니깐 저희 곰순이도 많이 힘들어했죠, 맨날 물고 빨고 그랬던 사람이 없어져서. 잠도 같이 자고 그랬는데 그런 사람이 없어졌잖아요. 그니까 얘도 아는 것 같아요. 얘도 탈모도 심하게 오고 그래서 얘도 많이 힘들어했어요.

3회차

2016년 1월 19일

1
시작 인사말

면담자   본 구술증언은 4·16 사건에 대한 참여자들의 기억을 소환하여 이후 진상 규명 및 역사 기술에 기여하고자 합니다. 오늘은 윤명순 씨의 3차 구술증언을 시작하겠습니다. 오늘은 2016년 1월 19일이며, 장소는 안산시 정부합동분향소 내 불교방입니다. 면담자는 김향수이며, 촬영자는 고윤경입니다.

2
근황: 목공 작업과 수면 장애

면담자   저희가 지난주에 뵙고 한 일주일 만인데 어떻게 지내셨어요?

고운 엄마   저 같은 경우는 여기 목공방에 지금 한 6개월 가까이 수업 듣고 이제 1월 달이 마지막이거든요. 자기 만들고 싶은 작품 만들고 있는 중이에요. 저 같은 경우는 컴퓨터 책상 만들고 있거든요, 지금 서랍, 서랍 부분 지금 마지막으로 만들고 있고. 어제 같은 경우는 9반에 윤희 엄마가 책꽂이 만들어달라 그래 가지고 그거 미지 아버님 도움받아 가지고 [만들고]. 어저께 우드버닝, 오전에 우드버닝 작업하고 오후에는 목공방에서 있다가 집에 갔어요.

79
3회차

면담자   우드버닝은 어떤 건가요?

고운 엄마   우드버닝은 쉽게 말하면, 인두로 나무를 이렇게 태워서 먹지 대고 밑그림 그려놓고, 밑그림을 인두로 이렇게 지져서 하는 작업이거든요. 그래 가지고 지금 휴지통 나무로 된 거 그거, 그거 있거든요.

면담자   우와, 그거는 거의 작품 수준이죠?

고운 엄마   먹지로 그려놓고 하는 거라 지난주에는 그거 먹지 대고 그리는 작업했고 이번 주에는 색깔 입히는 작업 하거든요. 그래서 어제 그거, 뭐 하는 거 없이 바빠 가지고는 어제 그거 나와가지고 그거 오전에 해놓고, 오후에는 책꽂이 표면이 매끌매끌하게 만드는 샌딩 작업이거든요. 그거 하고, 나사 못 박고 그러다 보니까 5시 됐더라고요, 어저께는. 목공방에서 내내 있다가 그니까 그거 할 때는 그거 하느라고 딴생각이 하나도 안 들어요. 그래서 좋은 거 같아요.

면담자   어머니, 예전에 엄마공방이나 이런 쪽은 안 하셨나요?

고운 엄마   안 했어요.

면담자   목공을 따로 하시는 이유는?

고운 엄마   어, 그냥 한번, 목공 쪽은 예전부터 간단한 거, 집에서 필요한 거 만들어서 쓸 수 있고. 배워보고 싶다는 생각은 있었어요. 근데 막상 해보니까 쉬운 게 아니더라고요.

면담자   그래도 컴퓨터 책상 전에 작은 것들도 몇 개 만드셨을 것 같아요. 만들고 나면 또 기분이 다를 것 같아요.

고운 엄마   기분도 다르고 또 성취감도 있기는 한데, 아유… 이게 엄마들이 처음부터 끝까지 다 작업을 못 하는 게, 나무 절단을 해야 되는데 무서워서 절단을 못 해요. 이게 톱니바퀴 돌아가는 거에다 절단을 하는 작업이라 그거는 엄마들은 못하고 아빠들이 절단, 재단해서 주면 그거 가지고 저희가 조립을 하는 거죠.

면담자   재단한 거 조립하는 것도 힘들던데.

고운 엄마   네, 힘들어요. 작은 거 같은 경우는 별로 힘이 안 드는데 어저께 그 책꽂이 같은 경우는 200[cm]에 70[cm]짜리 그거 만드느라고 미지 아버님 옆에서 도와주고.

면담자   대단하세요. 예전에 저는 이케아 조립하는 것도 힘들어 가지고 "나 안 할래" 그랬는데요.

고운 엄마   네, 혼자는 그게 안 돼요. [다른 분이] 잡아주고 그래야지, 또 제 위치에다 나사못도 박고 그러니까. 어제 미지 아버님이 많이 도와줬어요. 책꽂이 뒤쪽에 합판만 대면 끝나거든요. 아유, 그래 가지고 어저께 집에 가가지고 양쪽 팔이 다 어깨가 얼마나 아프던지. 그리고 어저께는 잠 잘 오더라고요, 피곤해서. 잠을 못 잤거든요, 요즘엔 통.

면담자   왜요?

고운 엄마   예전처럼 자는 건 아닌데 이게 주기가 있는 거 같아요. 좀 잘 자다가 또 어느 순간 되면 한동안 또 잠 제대로 못 자고 그렇게 반복되는 것 같아요. 제가 지금 한 2년 가까이 겪어보니까 그런 게 계속 이렇게 반복이 되더라고요. 한 3주 넘게 지금 잠을 못 자고 있거든요. 보통 자는 시간이 [새벽] 2시, 3시. 그리고도 몇 번씩 깨서 잠을 바로 못 이루니까. 근데 어제는 피곤해서 잠 잘 잤어요.

면담자   잠을 잘 못 자면 그다음 날 다닐 때 힘드시지 않으세요?

고운 엄마   그러니까 어쩔 땐 잠을 2~3시간 잔 날은 여기 눈 위로 몽롱해요. 제정신으로 돌아다니는 게 아니에요. 지난주 금요일 같은 경우도 잠을 제대로 못 잤는데 교육청에 가서 피케팅하고. 추운 데 가서 1시간 반 넘게 서 있으니까, 추운 데 있으면 잠 오고 그런 건 없어요. 그래도 저녁이 되도 2시, 3시까지 잠이 안 오니까. 작년에 11월 달부터 아, 작년이 아니구나, 새해가 바뀌었으니까. 작년, 재작년 한 6개월은 잠 못 자는 게 지속돼 가지고 그때 한 6킬로, 7킬로 빠졌죠. 네, 잠을 하루에 2시간? 2시간, 길게 자면 3시간. 이런 식으로 한 6개월을 못 자고 못 먹다 보니까 6킬로, 7킬로 빠지더라고.

면담자   다른 분들 보니까 병원 가서 수면제 처방받고 하시더라고요.

고운 엄마   저는 수면제 처방은 안 받고 '이웃'에 정혜신 박사님한테 6개월 동안 계속 상담 다니면서, 상담 다니면서 그냥 버틴 거 같아요. 그 상담도, 상담마저도 안 했으면, 어떻게 버텼을지 모르겠어요. 그냥 전 수면제는 안 먹고 일주일에 한 번씩 꼬박꼬박 해가지고 한 6개월 상담 다녔어요.

면담자   다른 병원에 가기보다 '이웃'에 정혜신 박사에 갔던 다른 이유가 있으신지요?

고운 엄마   그냥 다른 병원에 가서 내가 세월호 유가족이라는 거를 그 자체를 말하기가 싫더라고, 지금도 마찬가지고. 다른 사람이 나 세월호 유가족인 거… 굳이 제가 밝히지도 않고 아는 척하는 것도 싫고, 지금도 그래요. 새로운 사람 만나서 의사한테 세월호 유가족이라는 얘기부터 해가지고 고운이에 대한 얘기 이런 거 다 편하게 얘기할 수가 없잖아요. 근데 이제 정혜신 박사님은 다 알고 있으니까. 그래서 고운이 얘기도 그렇고 제 속마음에 있는 말까지 다 끄집어내서 얘기하고, 털어놓고 오면 그걸로 또 한 일주일 버티고, 또 그다음 주에 가서 상담받고 오면 그 힘으로 또 일주일 버티고. 그래서 제일 힘들었던 시기가 그때였던 것 같아요. 그때, 제가 지금 몸, 이 체형이 아니고 더 살이 많이 쪘었거든요. 근데 그때 살이 많이 빠져가지고 51킬로까지, 제가 60킬로 나갔었거든요. 51킬로까지 빠져가지고, 지금은 한 3킬로 쪘어요. 그때는 사람 몰골이 말이 아니더라고요, 51킬로까지 빠졌을 때.

면담자   주변에서도 살이 빠지니까 걱정 많이 하셨을 것 같은데요.

고운 엄마　　　네, 그래서 지금은 3킬로 넘게 쪄서 많이 좋아졌죠, 얼굴도 그렇고. 근데 그 잠 안 오는 거는… 굴곡이 이렇게 있는 거 같아요. 지금 그 시긴 것 같아요, 지금 3주 넘었으니까. 피곤해도 저녁, 밤 되면 막상 잠이 안 오더라고요. 그리고 생리 주기도 그냥 몇 개월 동안 안 하다가 한 번 하고, 그런 식이에요, 지금도. 그니까 몸이 정상적인 건 아닌 것 같아요.

3
직장 복귀와 도보 순례

면담자　　　저희가 지난 7월에 구술 수집을 시작할 때는 지난 1년 동안이라고 물었는데 지금 벌써 1월이 되니까요, 다들 작년이 아니라 재작년이라고 얘기하는데 저도 좀 그렇더라고요. 지난 1년 8개월 동안 좀 여러 기억에 남는 일화들, 예를 들어서 국회 농성 하거나 아니면 광화문이나 도보 순례도 있었고 많이 있었잖아요. 좀 기억에 남는 일화 있으시면 말씀해 주세요.

고운 엄마　　　저 같은 경우는 아빠가 주로 활동은 다 하고, 저 같은 경우는 5월 달 한 달 회사를 쉬고 6월 달부터 직장을 다시 나갔어요, 아빠가 전적으로 활동은 다 하고. 저 같은 경우는 집에 그냥 마냥 있으면 더 고운이 일에 빠져가지고 더 힘들다고 주위에서도 그렇고, 회사에서도 나와서 일을 하는 게 어떻겠냐고 권유를 하고 그래서. 저도 회사 나가서 내가 과연 예전처럼 일을 할 수 있을까, 그런 걱정도 되고 겁도 나더라고. 그래서 많이 망설이다가 또 먹고 사는 게 현실적인 문제잖아요.

　저는 5월 달 한 달 집에서 그냥 쉬다가 다시 6월 달부터 직장생활을 했기 때문에 활동은 많이 안 했어요. 그니깐 저 같은 경우는 쉬는 주말에, 쉬는 주말에 토요일 날 하루 활동을 하고 그랬기 때문에, 저 같은 경우는 많이 활동한 사람에 비해서 얘깃거리라든가 겪은 일이라든가 그런 게 많지가 않아요. 저 같은 경우에는 국회에도 그냥 당일치기로 갔다 온 게 다였고.

면담자　　당일치기로 가도 그때그때 막 다르잖아요. 그리고 몸이 힘드셨을 것 같은데요, 출근하고 주말에 쉬어야 되는데 또 활동하러 가셔야 되고.

고운 엄마　　제 솔직한 심정은 회사 출퇴근 5일 하고 또 주말이면은 쉬고 싶은 생각도 있는데 열심히 활동하는 사람들 생각하면 미안해서 집에서 못 쉬겠더라고. 그리고 집에서 쉰다고 해도 마음이 편치가 않아서 '몸이 힘든 게 낫겠다' 그래서 토요일 날 주로 가서, 저 같은 경우는 청운동은 몇 번 안 가봤어요. 저는 주로 국회[에]. 토요일 날 갔다 토요일 날 오는 식으로 갔다가 왔고.

　저 같은 경우는 제일 기억에 남는 게… 도보. 도보 같은 경우에도 안산에서 팽목까지 20일 동안 도보한 것도 아빠가 다 했고 저는 안 했거든요. 근데 저 같은 경우는 여기 안산에서 광화문까지 도보

한 거를 두 번을 했잖아요, 저희가. 저는 그거는 두 번을 참가를 했는데 처음에 저희가 도보한 날이 [14년] 7월 23일? 7월 23일이었을 거예요, 제 기억엔. 왜 제가 그거를 기억을 하냐면 고운이가 7월 25일 날이 생일이었거든요. 그때도 직장 다니면서 도보하면 힘드니까 아빠 혼자 한다고 그랬는데 제가 참여해서 했던 거고, 제가 태어나서 그렇게 많이 걸어본 적은 그때가 처음이었어요.

많이 힘들고… 고생스러웠지만 제가 무슨 생각을 갖고 했냐면… 아, 아이들이… 제가 1박 2일 동안 도보할 수 있는 힘의 원천이 저희 아이들이 다 그랬고 저희 고운이도 그랬고… '그날… 아이들이 배에서 겪었던 고통이라든가 두려움이라든가 그런 거에 비하면은 아무것도 아니다', 아무리 죽을 만큼 힘들다고 해도 우리 애들이 겪었던 것만큼 고통스럽지도 않고, 두렵지도 않고, 무섭지도 않고. 그리고 저희 같은 경우에는 힘들어서 쓰러지거나 어떻게 되면 옆에서 도와줄 사람이 항상 대기하고 있잖아요, 근데 아이들은 전혀 그러지 못했고. 그래서 '아이들은 우리가 겪은 거보다 더 힘들고 더 고통스러웠을 텐데 이 정도쯤은 아무것도 아니다'라는 생각 때문에 중간에 힘들어서 포기도 하고 싶었지만 그 생각만 갖고 걷다 보니까 끝까지 걸을 수 있었고. 아마 모든 부모들이 그런 생각을 갖고서 걷지 않았나 생각돼요. 애들…이 겪었던 일에 비하면은 우리는 아무것도 아니니까(눈물을 훔침). 그 생각 갖고 끝까지 걸을 수 있었고.

그다음에 저희가 특조위 기소권, 수사권, 완전한 특조위를 만들기 위해서 했던 거잖아요. 그렇게 해서 진상 규명만 된다면 못할 게 뭐가 있겠어요. 그래도 저희는 애들만큼 힘들지도 않고 죽지도 않을 거고, 옆에서 다, 도움의 손길 줄 사람도 있고 그러니까. 저 같은 경우는 그날 광화문까지 다 못 가고 국회에 도착해 가지고 그 다음 날이 고운이 생일이었거든요. 그래서 저는 국회까지만 갔다가 다시 안산으로 내려왔어요. 시장 봐가지고 고운이 좋아하는 거 준비해서 (눈물을 닦음) 고운이 보러 서호에 가려고 저는 국회까지 걷고 내려왔어요. 두 번째 도보할 때는 특조위가 저기, 우리가 원하는 대로 만들어지지 않으니까 저희가 상복 입고 아이들 영정 사진 들고 1박 2일로 또 도보했잖아요. 그때도… 그때는 처음에 도보했던 것보다 더 기가 막히더라고요. 우리 부모들이 자식 잃은 고통을… 우리 아이들을 그렇게 보내놓고 아파하고 슬퍼하고 그러지도, 그럴 시간도 없었어요, 솔직히.

이게 아이들 올라오는 순차적으로 차이는 있고 정도는 있겠지만, 자식 잃은 슬픔도 제대로 느끼지도 못하고 그럴 새도 없이 다 아이들 장례 치르고 그런 집들이 순서대로 다 나와서 진상 규명해야 된다고 다 매달렸기 때문에…. 그때는 상복 입고 아이들 영정 사진 목에 걸고 도보하는데 처음에 도보했을 때…하고는 마음가짐도 다르고 기분도 다르고…. 왜 자식 잃은 부모들이 가만히 있어도…, 피케팅 다녀보고 서명받으러 다녀보면 나이 드신 어른들이 그렇게 많이 얘기하세요. "가만히 있으면 정부에서 알아서 해줄 텐데 왜 이렇게 나대고 다니냐고. 제발 좀 지겨워 죽겠으니까 그만하라"고. 우리도 이러고 다니는 거 지겨워요, 진짜 그 사람들 말대로 그냥 자식 잃은 슬픔도 모르고 그렇게 국회로, 청운동으로, 광화문으로 쫓아다니는 거, 저희도 하기 싫어요, 힘들어요. 그치만 어떡해요, 저희가 가만있으면 아무것도 해주질 않는데.

저도 애들 사고 겪기 전에는 관심도 없었고, 그리고 우리, 내가 살고 있는 이 대한민국이 이 정도까진 줄 몰랐거든요. 그냥 저희가, 그냥 가만히 있어도 정부에서 다 알아서 해줘야 되는 일이거든요. 근데 저희가 이 방법 저 방법 다 해도 안 되니까 애들 영정 사진까지 목에 걸고 그러고 도보했던 거고. 그때는 처음에 도보할 때보다는 덜 힘들더라고요, 더 절박했던 마음이 있었기 때문에 그러지 않았나…, 그때는 여건도 더 안 좋았거든요. 그때는 관심도 많이 좀 없어진 후였고, 그래서 그때와 달리 의료진도 있지도 않았고, 그때 또 날씨도 비도 오고. 근데 우리가 생각하는 목적이 있어서 그런지 그때는 별로 그렇게까지 힘들지는 않았어요.

4
유가족 '특별 대우'

고운 엄마   저 같은 경우에 광화문에서도 한 번 그런 적 있었고 그다음에 저기 해수부에 가서도, 항상 그 사람들이 말하는 거하고 행동하고 달라요. 박근혜 같은 경우에도 우리 유가족들 처음에 청와대 초대했을 때는 "언제든지 얘기 들어줄 테니까 얘기하고 싶은

88

고운 엄마 윤명순

거 있으면 와라. 뭐든지 다 원하는 대로 해주겠다"고 얘기[한 것이] 담화문 발표했던 거하고는 다르거든요. 그니까 저희들이 왜 정부, 정부를 못 믿냐면 저희들이 한두 번 당해봤던 일도 아니고 겪어봤던 일이 아니기 때문에 [정부를] 믿지를 않아요.

그래서 저희가 해수부 갔을 때도, 분명히 임원들은 해수부 관계자들이 만나주겠다고 그래서 저희가 해수부로 그때 또 갔었거든요. 근데 입구에서부터 들어가지도 못하게 막고 그래 가지고는 경찰들하고 대응하다가 여러 사람 병원에도 실려 간 적도 있었고. 저도 못 들어가게 하니까 그때 엄마, 아빠들 담 넘어서 많이 들어갔거든요, 그냥 가만히 있으면 막 속에서 천불이 나니까. 그런 생각 때문에 다 담을 넘어서 들어갔던 것 같아요. 저 같은 경우도 담 넘어서 들어갔다가 한 발짝도 떼어보지도 못했어요.

저희 유가족들을 보면, 경찰들이 저희 유가족들을 너무 '특별하게' 대우를 해주다 보니까, 그 '특별 대우'가 사람 취급을 안 해요. 남들 보면 유가족들 특별 취급 한다고 생각하는데 그게 너무 특별하다 보니까 사람 취급을 안 해서 저 같은 경우엔, 여경들이 엄마들은 끌고 나오거든요. 그럼 끌고 나오는 과정에서도… 저 같은 경우엔 해수부에 가가지고 팔도 비틀어가지고 들려 나오고. 저희들이 안 따라 나오려고 발버둥 치면 저 같은 경우는 여기 꼬집혀도 봤거든요, 자기네들 힘들게 하고 그러니까 막 꼬집고 그래요. 그게 저 광화문에서도 들려 나가가지고 바닥에 내동댕이쳐진 적도 있었고. 그리고 버스에 연행도 한다고, 버스에 올라가서도… 그냥 바닥에 누워 있는 사람 그냥 팔, 무자비하게 그냥 팔로 잡아당겨서 버스에 태우게 하고. 이거는 인권이… 저희들 유가족들이 아마 그런 거 많이 겪었어요.

저희한테는 인권이 없었어요, 인권이 없더라고요. 하물며 저희 청운동에 갔을 때도 제가 광화문에서 들려 나가, 들려 나가가지고 팔이 아파가지고, 그다음 날 청운동에 가서 병원에를, 너무 아프니까 병원에를 가야 되는데 병원도 마음대로 못 나갔었어요. 그래 가지고 경찰, 사복 입은 경찰 입회하에 제가 병원도 갔다 왔거든요. 저희 유가족들은 인권이 없는 게 확실하더라고요.

그리고 저 같은 경우는 청와대는 가보지는 않았는데 아빠가 그러더라고, 저기 청와대, 우리 대한민국 국민이 아닌 중국에서 여행 온 중국인들도 청와대 들어가거든요? 근데 저희 유가족들은 청와대 들어가지도 못하게 했어요. 대한민국 국민인데도 불구하고 저희 유가족들은 너무 특별 대우를 해주다 보니까 청와대도 못 들어가게 했어요. 그니까 참 웃기죠. 중국인도 들어가서 활보를 하는데 왜 대한민국 국민이 그 청와대를 못 들어가는지…. 그래서 청와대 들어간 유가족은 아무도 없었을 거예요. 제가 듣기로는 없었어요. 철저하게 유가족은 입구에서 가로막고 청와대를 아무도 들여보내주지를 않았어요. 그래서 저희 유가족들은 대한민국 국민도 아니고 인권이라고는 없었던 것 같아요.

면담자　　　청운동에서 팔 다쳐서 병원 갔던 상황을 조금 더 자세히 얘기해 주세요.

고운 엄마   제가 광화문에서 그때 하도, 광화문이고 어디고 많이 다니다 보니까 그때 뭘로 광화문에 간 건[지] 기억이 안 나는데, 이게 경찰들하고 대치하다 보면 막 저희들하고 밀고 밀리고 그러거든요. 근데 이제 제가 휩쓸려 가지고 밖으로 나갔는데 여경들이 저를 데리고 가는 과정에 심하게 당겨서 그런지 그건 모르겠어요. 그때 당시에는 괜찮았었거든요. 근데 저희가 그때 광화문에서 일차적으로 하고, 청운동에를 넘어갔는데, 밤에, 밤부터 이게 팔이 제대로 못 움직이게 아프더라고요. 파스를, 저녁엔 파스를 붙이고 있었고 저희가 그날 청운동에서 밤을 새고 잤었거든요. 근데 밤부터 아프기 시작하더니 그다음 날까지도 계속 아프더라고요. 이제 팔이 혹시 뭐가 잘못 됐나 해가지고 병원을 갈려고 나서는데, 경찰들이 딱 저희 유가족들을 포위하고선 밖으로는 한 발짝도 안 내보냈거든요. 그래서 병원에를 가야 되겠다고 얘기를 했더니 병원에를 못 간다고 그러더라고요. 그래서 저희 [가족협의회] 위원장한테랑 얘기해 가지고 해서, 그냥은 못 나가니까 구급차를 불러가지고 저희가, 구급차를 타고 그러고 갔는데, 그것도 저희 병원에 도착하고 나니까 사복 입은, 사복 경찰이 그 병원으로 찾아왔더라고요.

면담자   어떻게 알고요?

고운 엄마   모르겠어요, 그거는. 그니깐 저희가 하는 모든 일은 다 경찰들이 다 하나에서 열까지 다 꿰고 있었으니까요. 저희 벌써 광화문이나 국회에 간다고 딱 버스 타고 가잖아요, 그럼 벌써 다

지키고 있어요. 국회 가기도 전에 벌써 길거리 중간중간에 경찰들이 다 중간중간에 있으면서, 저희 유가족들 버스 지나가면 자기네들끼리 무전을 하는 것 같아요. 그러면 저희들이 항상 그랬거든요. "우리 유가족들 전화기는 도청을 당하고 있는 것 같다". 어떻게 그렇게 우리가 하는 모든 일을 다 알고 있는지 신기하다고 그럴 정도였으니까. 그때도 병원에 가서 엑스레이 찍고 그러고 나왔는데 사복 경찰이 와가지고서는 "자기네들이랑 같이 들어가자"고 그래 가지고, 저희가 병원 들렀다가 청운동에를 그 사복 경찰이 앞장서서 가고 저희는 뒤따라서 청운동 들어갔던 기억이 있거든요. 근데 그때 당시 다행히 뭐 이상은 없었고 그냥 인대가 조금 놀란 것 같다고 그래서 큰일은 없었는데, 저희는… 자유롭게 청운동이든 국회든 광화문이든 자유로웠던 적이 한 번도 없었던 것 같아요.

5
참사 이후의 삶: 진상 규명 활동과 유가족 공간의 의미

고운 엄마   그리고 어떻게 보면 저희가 그렇게 여기저기 다니면서 그렇게 수많은 일들을 하지 않았으면 저희 부모들이 더, 지금보다 더 망가져 있지 않았을까 그런 생각이 들어요. 아이들 잃은 슬픔에만 빠져 있다가 보면 더, 자기 자신들을 망가뜨리고 지금보다 더 못하지 않았을까 그런 생각이 들어요. 그렇게 바쁘게 움직이고 싸우고 그러다 보니까 지금까지 2년이란 세월도 버텨올 수 있었던 거 같고. '우리가 그렇게 바쁘게 안 움직였으면 어떻게 지금 지내고 있을까?' 그런 생각도 해봐요. 그런 게 다 우리[가] 지금까지 버티고 살 수 있는 힘의 원천이 되지 않았을까 그런 생각도 해보고.

면담자   그런 생각을 하게 됐던 이유가 혹시 있으신가요?

고운 엄마   지금도 제가… 저희 아이들 그렇게 보내기 전에 알고 지냈던 지인들하고 안 만나거든요. 다른 엄마들도 마찬가지더라고요, 얘기 들어보면. 저희 유가족들은 유일하게 웃을 수 있는 공간이 여기 분향소 공간이에요. 저희가 옛날에 알고 지냈던 지인들을 왜 안 만나냐면, 그 사람들은 제가 겪은 일을 겪지 않은 사람들이잖아요. 그니까 일단 그런 공감대도 없고, 그니깐 제가 또 그 사람들한테 맞춰서 웃고 떠들고 즐겁게 지내다 보면 '아 저 사람들이 자식 그렇게 보내놓고 어떻게 저렇게 아무렇지도 않게 저렇게 살 수가 있어?' 그런 생각을 하지 않을까 그런 두려움도 있고.

내가 또 그 사람들 만나서 나만 생각하고 그 분위기 망칠 수도 없잖아요. 그러니까 예전에 알고 지냈던 지인들은 제가 유가족인 거는 이제는 다 알고는 있어도 그 사람들도 불편하고 저도 불편하고 그러니까 안 만나요. 그래서 2년, 이제 2년 다 돼가죠. 몇 번, 개인적으로 "이 정도 시간이 지났는데 한번 얼굴 보자" 그런 말은 많이 들었는데, 제가 "나 오늘은 뭐 어디 광화문 쪽에 일 있어서 거기 가야 돼", "오늘은 교육청 피케팅 있어서 거기 가야 돼" 둘러대고 안 가거든요. 그리고 제가 아침에 눈 뜨면, 알고 있는 지인들도 안 만나죠, 지금은 직장생활도 안 하고 있죠, 그러니까 솔직히 갈 데가 없어요. 아침에 눈 뜨면 그래도 여기 분향소, 올 곳이 있잖아요.

지금은 저희가 뭐 광화문, 국회, 청운동, 팽목항 이런 것도 이제 다 많이 줄고, 저희들이 할 일이 많이 줄었잖아요. 지금 하고 있는 건 교육청 피케팅 가는 거하고, 그다음에 매주 금요일마다 선부동 하고 중앙동 상록수역 피케팅하는 거. 그 담에 저희 광화문 반별로 당직 돌아가면서 광화문 지킴이 하고. 저희 요즘 〈나쁜 나라〉 영화 상영 간담회 같은 경우는 가고 싶은 사람들만, 원하는 사람들만 가는 거긴 하지만, 그래도 그런 할 일이 있기 때문에 그거 보고 저희가 움직이게 되고, 또 밖으로 또 나오게 되고 그러거든요. 그러니까 그런 이유 때문에 '아 이게 아니었으면 더 견디기 힘들고, 참 살기 더 힘들겠다'라는 생각을 해요.

그리고 저희 엄마들끼리 또 지금 하는 얘기가 지금 저희 7월 달에 배가 인양이 되면 여기 분향소를 다 철거한다는 얘기가 있거든요. 그러면 저희가 갈 곳이 없어지잖아요. 그나마 나올 수 있는 곳이 여기[분향소]고 저희들끼리 마음 놓고 웃고 떠들 수 있는 공간이 이 공간이거든요. 그래서 엄마들끼리도 지금 걱정을 해요. "우리 여기 분향소 없어지면 우리는 어디 가야 돼? 우리는 어디 가서 얘기하고, 어디 가서 웃어야 돼?" 지금 그런 걱정을 가지고 있거든요. 그래서 저도 그게 걱정이에요. 이게 없어져 버리면, 제가 아침에 눈 떴을 때 갈 곳이 없어져 버리고.

시간이 가다 보면 점점 더 제가 해야 될 일이 줄어들고 그러다 보면 더… 고운이 생각을 더 많이 하게 되고. 지금도 여기 분향소에 나오고 피케팅 가고 광화문 가고 그러는 이유가 집에 있으면 고운이 방에 한 번이라도 더 들어가서 고운이 사진 보면서 울게 되니까 그거 안 하려고 나오는 거거든요. 그래서 우리가 버틸 수 있는 힘이 그건 거 같아요. 지금도 걱정이에요, 지금 분향소 없어지면 어떻게 뭘 해야 되나… 다들 그런 걱정이더라고요.

면담자　　　어머니, 처음에 직장 나가셨다고 했는데 직장 다니시다가 다시 그만두기까지 고민들, 과정들을 말씀해 주세요.

고운 엄마　　　저 같은 경우는 그만둔 거는 아니고요, 제가 계약직이었어요, 1년 계약직. 그리고 사무실도 가까워요. 여기 화랑유원지서 길 하나만 건너면 견인사업소라고 있어요. 그게 안산도시공사 소속이거든요. 그니까 제가 예전처럼 직장생활을 할 수 있을까라는 두려움 때문에 많이 망설였는데 저희 팀장님이 배려를 많이 해줬죠. 저 같은 경우는 일단 분향소하고 가까우니까 점심시간을 1시간 빼고도 1~2시간씩을 팀장님이 배려를 해주서 가지고 점심시간 되면 여기[분향소] 와서 있다가 갔어요. 그냥 다른 직장에 온전히 하루 종일 일만 하는 걸로 일을 다녔으면 아마 못 다녔을 거예요.

　　제가 알기로는 그렇게 다니다가 몇 개월 못 다니고 그냥 그만두고, 그만둔 엄마들 제가 많이 봤거든요. 저 같은 경우에도 그런 식이었으면 못 다녔을 것 같아요. 그래서 팀장님이 배려를 해주시는 바람에 저는 한 3시간 가까이를, 하루에 8시간 근무하는데 한

3시간을 여기 분향소에서 있다가 [근무했어요]. 그리고 또 같이 일 하시는 분들이 배려를 많이 해준 게, 그냥 뭐 뭐 하다가 그냥 나도 모르게 그냥 고운이 생각나면은 주체하지 못할 정도로 막 눈물이 나고 그럴 때가 많았거든요. 그러면 아무 말 안 해주고 자리 피해 주고 배려를 많이 해줬어요, 제가 울어도 왜 우는지를 아니까. 그 냥 아무 말 없이 그냥… 저 같은 경우는 그때 그냥 저한테 아무 말 안 해주는 게 최선이었던 것 같아요.

그래서 지금도… 좋은 사람들 만나서 제가 참 2월 달까지 다니 고서는 일 끝났거든요. 근데 다 좋은 사람들 옆에서 배려를 많이 해줘서 직장생활을 할 수 있었고, 그냥 그 3시간 여기 와서 있다가 가야지 제 마음도 편했고. 그니까는 중간에 한 3시간 여기 분향소 에서 있다가 가는 걸로 하루를 버틸 수 있었고, 또 퇴근할 때는 제 가 여기[분향소]를 꼭 지나서 집을 가거든요. 그니까 퇴근할 때도 여 기를 그냥 못 지나쳐요, 못 지나치고 꼭 들렀다가 잠깐이라도 들러 서 있다가 집에를 가고. 그때는 작은아이가 집에 있으니까 빨리 퇴 근해서 작은아이 저녁도 챙겨주고 그래야 되는데, 그때는 지금 생 각하면 아들한테 참 많이 미안하죠. 근데 그때는 집에, '빨리 퇴근 해 가지고 집에 가서 아들 저녁 챙겨줘야지' 이런 생각… 이런 생각 은 없었어요. 그냥 퇴근하는 길에 여기 지나가면 낮에 있다 갔어도 그냥 못 지나치겠더라고요. 그러면 꼭 지나가는 길에 들러서 잠깐 이라도 있다가 가고(눈물을 훔침), 그다음 날 되면은 '오늘은 퇴근할 때 그냥 가야지. 집에 일찍 가서, 아들도 생각하고 집에 그냥 가야지' 그래도 걷다 보면 나도 모르게 분향소로 와요. 그래서 분향소는 와도 낮에, 낮에도 그렇고 퇴근할 때도 그렇고, 분향소로 와도 저기 분향소 안에는 안 들어갔어요, 일부러 안 들어갔어요. 들어가면 어떨 거라는 거 뻔히 알기 때문에 안 들어가요. 지금도 매일매일 여기 분향소 나와도 저기 안에는 안 들어가거든요. 일부러 안 들어가는 거예요.

제가 아까 6개월 동안 상담 치료 받으러 다닐 때 그때는… 잠도 못 자고, 밥 먹는 것도 귀찮았었어요. 그래서 회사에서 출근하면 점심시간이 되잖아요, 다른 분들이 점심밥 먹어야지 그러면 제 입에서 나도 모르게 "아, 밥 먹는 것도 귀찮다" 나도 모르게 튀어 나왔어요, 밥 먹는 것도 귀찮아요. 그리고 그때는 하루에 한 끼, 잠도 못 자고 하루에 한 끼 먹으면서 한 6, 7개월을 그렇게. 지금 생각하면은 어떻게 그러고 직장생활을 했는지 참 신기해요. 그리고 일을 다녔거든요.

근데 그때 생각해 보면 그냥 항상 그냥 이렇게 멍했던 것 같아요. 제정신으로 다닌 거는 아닌 것 같아요. 지금 생각해 보면… 무슨 정신 갖고 어떻게 버티고 그렇게, 다녔는지 모르겠어요. 그때는 그 6, 7개월 동안 하루에 2시간, 잘 자면 2시간, 그리고 하루에 한 끼, 그렇게 먹고 지냈던 게 한 6, 7개월 됐었거든요. 그냥 제정신 아닌 상태로 그냥 다녔던 거 같아요. 그래서 저희 팀장님이, 제가 그때 당시에 일하면서 실수 같은 게 잦으니까, 웃으면서 정신 좀 차리고 일하라고… 몇 번 그런 소리도 많이 듣고 그랬거든요.

모르겠어요, 그때는 어떻게 일을 다녔는지, 지금 생각하면 그래요. 그래도 분향소에 가까이 있다 보니까 여기 왔다 갔다 하면서 버틸 수 있었던 거 같아요. 바쁠 때는 단 몇십 분이라도 와서 앉아 있다가 갔으니까.

면담자　　　그 당시 분향소나 아니면 유가족 대기실 풍경이랑 지금이랑 좀 달라진 게 있나요?

고운 엄마　　　그때는 엄마공방도 없었죠. 그리고 그때 당시에는 저희 유가족들이 다 되게 많이 낯설었죠, 애들 일로 인해서 처음 보니까. 그때 당시에는 서로 얘기도 별로 안 했어요. 그냥 저희가 지금처럼 갈 데가 없으니까, 갈 데가 없으니까 여기 와서 앉아 있기는 해도, 그때는 서로 대화도 거의 없었어요. 그리고 그때 같은 경우는 저희 봉사자들이 유가족 대기실에 같이 상주하면서 저희들 식사 문제라든가 그런 걸 옆에서 다 같이 도와주고 있었기 때문에, 저희가 아는 지인들 안 만나고 밖에 나가서 마음대로 못 웃고 그러는 게… 좋은 시선으로 보지를 않아요. 거기서 봉사했던 분들이 벌써 밖에 나가서 얘기한 게 그렇게 들려오니까.

자식 보낸 엄마, 아빠들이 웃고 그런 거에 대해서 안 좋게 그렇게 얘기가 되어져서 저희한테 들려오더라고요…. 그래서 솔직히 겁나요, 지금도. 아무 데서나 가서 웃을 수……. 그때야 뭐 그리고 그때는 서로 대화도 많이 안 하는 상태였고. 그때는 저희가 아이들 보내고 슬퍼할 겨를도 없이, 아까 말씀드렸다시피, 뭐 국회로 청운동으로 광화문으로 다들 쫓아다니기 바빴으니까, 그때는 어떻게 시간이 지나가는 줄도 모르게 그냥 지나간 거 같아요. 그리고 그때 또 그랬어야만 했고, 아이들이 너무 억울하게 갔으니까. 네, 그럴 수밖에 없었죠. 아마 다른… 다른 사람들이 저희 같은 일을 겪었어도 다 저희처럼 똑같이 했을 거예요, 자식이 어떻게 갔는지는 알고 가야 되니까.

6
〈나쁜 나라〉 원주 간담회 경험

면담자   얼마 전에 원주에 〈나쁜 나라〉 간담회 하러 가신다고 하셨잖아요. 그날 간담회 이후 어떤 생각이 드셨는지? 다른 분들은 예전에 봤다고 다시 한번 더는 안 보시던데요.

고운 엄마   아니요. 왜 그러냐면 그거 보면 그냥 처음부터 끝까지 울다가만 나오니까 안 봐요. 그리고 그게 외부에서 상영되기 전에 유가족들은 미리 한 번 봤어요. 그렇기 때문에, 그리고 저희가 여태껏 활동했던 거 위주, 활동했던 게 다 들어가 있고, 저희가 뭐 다른 사람들처럼 많이 하지는 않았어도 그래도 참여는 했고 그랬기 때문에, 한 번 또 보고 그랬기 때문에 대충은 아니까, 보지는 않아요.

면담자   우리가, 본인들이 활동했던 거에 내가 나오는 장면을 보면 좀 느낌이 다를 거 같은데요.

고운 엄마   그렇죠. 저희가, 지금 그렇게 생각하면 '어? 저것도 있었네?' 그렇게 생각되는, 생각 드는 것도 있어요, 다 기억을 못하니까. 그니까 영화를 보면 새롭다고 해야 되나? 우리 유가족들이 저런 거, 저것도 했었네? 네, 그렇게 생각되는 것도 있어요. 그거는 두 번은, 두 번은 보기 싫더라고요. 그래서 저만 그런 줄 알았는데, 그때 재강이 엄마랑 도언이 엄마랑 같이 갔는데 안 봤어요. 그냥 저희는 밖에서 있다가 상영 끝나고 나서 들어가 가지고 간담회를 했거든요.

근데 원주 같은 경우는, 도언이 엄마는 이제 간담회를 많이 다녀봤는데 재강이 엄마하고 저는 처음 간 거예요. 근데 원주는 처음에 한 곳에서 상영하기로 해서 저희가 세 명이서 같이 가기로 했는데 두 군데서 상영이 이뤄진다고.

면담자   예매한 사람이 많아서요.

고운 엄마   네, 그리고 또 저희가 가기 전날은 한 군데가 더 늘어가지고 세 곳으로 늘어가지고. 도언이 엄마가 간담회를 많이 다녀봤으니까, 도언이 엄마가 가니까 이제 저희는 가서 거의 병풍이죠, 뭐. 그래서 그 역할을 해준다고 가기로 해서 갔던 건데 상영관이 세 군데로 늘어나다 보니까 어쩔 수 없이 각자 세 명이서 한 군데씩 맡아서 들어갈 수밖에 없는 상황이었어요, 그래서….

면담자   나중에 단톡방 사진 올라온 거 보니까 한 명, 한 분 계셔가지고.

고운 엄마　　　네, 그래서 도언이 엄마는 많이 해봤으니까 걱정을 안 했는데, 재강이 엄마하고 저 같은 경우는 솔직히 걱정 되게 많이 했어요. 그리고 걱정도 되고, 떨리기도 하고. 그분들이 질문을 했을 때, 거기서 궁금해하는 질문을 했을 때 그 궁금증을 풀어줄 수 있을 만큼의 답변을 해드려야 되는데, '아, 그 답변을 해주지 못하면 어떡하지?'[라고 걱정했죠].

　　제가 무슨 생각까지 했냐면 그 질문한 사람이 원하는 답을 못 해주면 속으로 '아, 저 사람 유가족 엄마 맞아? 왜 저 부분에 대해서 제대로 인지를 못하고 제대로 알고 있지를 못하지?' 그런 생각을 하게 될까 봐, 저 같은 경우는 되게 걱정이 많이 됐어요. 내가 그래도 고운이 엄마고 유가족인데, 거기 질문하는 질문에 대해서 내가 제대로 모르고 있으면서 제대로 대답을 못 해주면 '다른 유가족들, 유가족들도 저러는 거 아닐까' 그런 생각을 갖게 할까 봐. '아, 내가 이 간담회를 괜히 왔나?' 그런 생각을 솔직히 가졌어요.

　　그래서 그것 때문에 되게 걱정이 많이 됐는데, 저 같은 경우는 이제 1관에를 김진열 감독님하고 같이 들어갔거든요. 감독님하고 저하고 같이 들어간 이유가, 그래도 재강이 엄마는 순창에를 한 번 다녀왔고 두 번째예요. 두 번째라고 저한테 그나마 양보를 한 거예요, 김진열 감독님을. 그래서 김진열 감독님이랑 같이 저는 들어가게 된 거거든요. 그래서 저 같은 경우는 특조위라든가 청문회라든가 그런 쪽에 질문을 하게 되면, 제가 청문회를 3일 동안 다 다녔는데도 불구하고 제 머릿속에 기억나는 게, 아마 그 사람들 기억나는 게 "없습니다", "모르겠습니다" [그 사람들이] 이런 거[이렇게] 대답한 거에 막 화내고 울고, 막 그러고 온 기억밖에 없어요.

제가 마지막, 마지막 3일째 되는 날 또 많이 울었거든요. 그래서 제대로 듣고서 제대로 숙지를 해야 되는데, 그날 막 너무 억울하고 막 울화통 터지고 그런 거 때문에 막 화내고 울고 그런 기억밖에 없어서 그런 쪽의 질문을 할까 봐 되게 겁이 났었는데, 막상 들어가니까, 그때 원주에서는 423명이 영화를 봤거든요. 근데 영화를 보고 상영이 끝나고 나면 바로 나가시는 분들도 많아요. 근데 들어가 보니까 제법 많이 앉아 계시더라고요. 그래서 저 같은 경우는 다행히 그런 쪽 질문은 안 받았고.

저 같은 경우는 이제, 감독님 같은 경우[한테]는 이 영화를 만들게 된 계기에 대해서 질문을 하시더라고. 근데 저[한테]는 다행히 그런 전문적인 질문은 안 하고, 첫 번째 질문한 학생이 초등학생… 초등학생이었어요, 남자아이. 근데 그 남자아이가 생각해 내서 한 질문인지, 그 남자아이 같은 경우는 엄마랑 같이 왔더라고요. 엄마하고 여동생하고 같이 왔더라고요. 엄마가 그런 질문을 한번 해보라고 얘기를 해준 건지는 모르겠는데, 지금 소원이 있으면 어떤 소원이 있는지 얘기를 해보라고 그러더라고요. 그래서 제가 그 첫 번째 질문부터… 너무 눈물이 나가지고, 처음 질문부터 제가 우느라고 말을 제대로 못 했어요.

그때 (울먹이며) "지금 소원이 있다면 하루가 아닌 단 1시간만이라도 고운이를 만날 수 있으면 만나고 싶다"고 그게 소원이라고,

"어느 날 갑자기 작별 인사도 못하고 갑자기 떠나버린 고운이를 만날 수 있으면 만나고 싶고, 안아주고 싶고, 어루만져 주고 싶고, 지켜주지 못해서 미안하다고, 영원히 사랑한다고 말해주고 싶다"고. 제가 첫 질문부터 질문이 그래 가지고 우느라고 대답을 잘⋯ 대답을 한다고 했는데 제가 우느라고 말을 제대로 못 했어요(한숨).

교실 존치를 왜 해야 되는지에 대해서 질문도 받았고. 그리고 제가⋯ (눈물을 훔침) 어느 분이, 자기들이 어떤 걸 뭘 어떻게 해야 될지 잘 모르겠다고, 뭘 해야 되는지 질문을 하시더라고요. 그래서 제가, 다른 엄마들하고 얘기해 보면 똑같아요. 저희가 이렇게 길거리 가다가 보면 가방에 노란 리본 하나 달고 지나가는 사람 있으면 되게 반갑고 힘이 되고, 저번에 '이웃'에 정혜신 박사에를[박사를 만나러] 걸어가는데 택배 차량에 노란 리본이 붙어 있더라고요. 그리고 또 지나가는 트럭, 트럭에도 노란 리본이 붙어 있더라고요. 그래서 제가 그 얘기를 했어요. "길거리 가다가 보면 노란 리본 하나 달고 지나가는 사람 보면 반갑고 힘이 되고, 차량에 그렇게 노란 리본 붙이고 다니는 거 보면 반갑고 우리한테 큰 힘이 된다. 저희가 발 벗고 뛰는 일은 우리 유가족들이 할 테니까, 여러분들이 해주는 일은 그런 거, 작은 거만 해줘도 저희한테 큰 힘이 된다. 그리고 잘못 알고 있고, 오해하고 있는 부분이 있으면 진실을, 그게 아니라고 제대로 알고 있는 거를 얘기해 주시면 되는 거고, 그런 작은 거 해주시는 것만으로도 힘이 되고, 그리고 이렇게 잊지 않고, 마음속으로 응원해 주시는 것만으로도 저희에게 큰 힘이 된다"

고 제가 그렇게 얘기했고. "제가 오늘 원주 와서 이렇게 여러분들, 많은 분이 지금도 잊지 않고 저희에게 힘을 주고 있다는 거 직접 눈으로 확인하고 더 오늘 힘을 받아서 다시 안산으로 올라가게 되면, 유가족들한테 이런 얘기 해주면서 아직도 잊지 않고 있는 사람들이 이렇게 많다고 전해드리고 다시 힘 얻어서, 저희가 유가족들이 할 수 있는 일[계속하겠다고], 솔직히 제가 제일 두려운 게, 언제가 될지 모르는 이 긴 싸움에, 이 길을 가다가 중간에 힘들다고 내 스스로 포기할까 봐 그게 제일 두렵다"고, "근데 제가 중간에 포기하지 않게 잊지 말고 마음속으로 응원해 주시라"고 그렇게 얘기하고 왔어요.

마무리로 해주고 싶은 얘기 있으면 해주라 그래 가지고 제가 그런 얘기 하고 왔거든요. 근데 간담회를 잘 갔다 왔다는 생각이 들어요, 제가. 많이 잊혀지고 많이 묻히고 있다고 생각이 들었는데 그날 원주에 가서 그렇게 400명이 넘는 사람들이 영화를 보고, 관심 갖고, 자기네들이 해야 될 일이 뭐가 있는지 그렇게 궁금해하시고 그러는 거 보면 '아, 내가 여기 내려와서 이렇게 힘을 받고 가는구나' 그런 생각하면서 '참 오길 잘 했다' 그런 생각을 했었어요.

7
청문회

면담자　　　지난 1년 동안 어머니를 가장 화나게 했던 일, 혹은 사람이 있다면요?

고운 엄마　　　제가 세월호 소식 듣고 진도체육관에 내려가 가지고 해수부 장관을 비롯해서 그 관계자들 브리핑하고 그럴 때 가까이서 보고서는, 그 사람들을 제일 가까이서 접해보고 그 사람들이 한 일에 대해서 얘기 들어보고 그런 게, 그때 청문회 때가 처음이거든요. 근데 그때 청문회 때… 그 관계된 모든 사람들이 나와서 증언을 하는데… 그냥… 그냥 매체에서 보고 접할 때보다 비교가 안 될 만큼 (한숨) 그 사람들이 한마디, 한마디 하는 말들이 우리 아이들이… 충분히… 다 구조돼서 살아 올 수 있는 상황이었는데도 그렇게… 갈 수밖에 없었던 이유가, 그럴 수밖에 없었던 이유가 그 사람들 얘기 들으면 들을수록, '아, 우리 아이들이 살아서 돌아올 수가 도저히 없었겠구나'라는 거를 그때 뼈저리게 느끼겠더라고요.

그 사람들 한 행동들을 보면 저희 아이들이 도저히 살아 올 수가 없더라고. 그래서… '우리 아이들이 그렇게, 그렇게 될 수밖에 없었구나'라는 걸 그때 뼈저리게 느꼈고, 그리고 그 사람들이 과연, 관계자가 맞나? 그냥… 거기 근무할 수 있는 전문가들이 아닌 거 같아요. 그냥… 비전문가가 아무것도 모르는 사람들이, 그냥… 그 사람들 말대로라면 아무것도 모르는 사람들이 일하고 있어요. 지금도 마찬가지일 거예요. 그냥 전문 지식도 없더라고요, 그때 보니까. 지식도 없고, 사태의 심각성도 모르고. 그때 123정이 세월호에 도착해서 제일 먼저 한 게 사진 찍어가지고 청와대에 사진 전송하고….

그러니깐, 거기 도착을 했으면 아이들 구조하는 게 우선이잖아. 근데 우리나라는 보면 그냥 위쪽에 보고하는 게 최우선이더라고요. 어떻게 그게 말이 돼요? 도착하면 아이들 제일 먼저 구조하는 게 우선순위여야지. 어떻게 거기 도착해서 사진을 찍어가지고…(눈물을 훔침). 아무것도 모르는 우리가 봐도 우선순위가 뭐인지 알겠던데, 그 사람들은 우선순위가 뭐인지도 모르는 사람들 같더라고. (울먹이며) 자기네들 필요한 거 하느라고 아이들을 하나도 구조도 못 했던… 거기 청문회 나왔던 관련된 사람들은 다 사람이 아니더라고요…(눈물을 훔침).

그날 다른 부모들도 마찬가지였을 거예요. (울먹이며) 할 수만 있으면 그 사람들도 똑같이 아이들이 빠진 곳에 몽땅 쓸어다 물속에 다 빠뜨려 죽이고 싶다고……. 그 인간들 인간 같지도 않은 인간들이 아이들 구조할 생각도 없었고, 살릴 생각도 없었고……. 그런 사람들이 전문가라고 그 자리에 앉아서 일하는 거… (계속 울먹이며) 거기 증언하러 나온 사람들 하나같이 다 똑같은 인간들이… 그래서 청문회 마지막 날, '아이들이 도저히 살 수가 없었구나. 그렇게 죽을 수밖에 없었구나' 하고 생각이 드니까 눈물이 나서 멈추지를 않더라고. 그래서 한참을 울었어. 눈물이 멈추지가 않고 마냥 나오더라고요. 그리고 여기 가슴이…… 가슴이 아프더라구(눈물을 닦음). 어떻게 그런 사람들이 아무… 죄 짓, 그렇게 죄를 지었는데 다 승진 하고 그렇게 멀쩡하게 일상생활을 하는지, 아무것도 모르는 저희가 봐도 다 알겠던데. (눈물을 닦으며) 우리 애들하고 똑같이, 물에 빠뜨 려서 죽여버리고 싶은…… 우리 애들은 그렇게 고통받으면서… 두 려움에 떨면서 그렇게 갔는데, 그런 사람들은 버젓이 살아서 돌아 다니고, 죄의식도 전혀 없이… 그렇게 잘 살고 있는 거 보니까… 대 한민국은 썩을 대로 썩은 나라더라고요……(한숨).

8
향후 계획과 목표

면담자   청문회 때 아버님도 같이 가셨어요?

고운 엄마   아빠는 팽목에 있었어요.

면담자   아까 아버님이 주로 많이 활동을 하셨다고, 기현 씨 도 아버님이 워낙 바쁘셔서 나중에 올라오셔야지 구술할 수 있을 거라는 이런 얘기하시던데요. 아버님이나 어머님이 쭉 활동하시면 서 참사 이전이랑 많이 변한 부분들이 있잖아요. 그런 부분들 보면 어떻게 생각되시는지요?

고운 엄마   많이, 많이 못 봐요. 아빠는 팽목에 있고, 저희가 광 화문이랑, 국회하고 청운동, 광화문 세 곳 다니다가 이제 국회하고 청운동이 철거가 되고 없어지고 난 다음에 팽목항 거기 컨테이너가 다 설치가 됐잖아요. 그때 바로 팽목에 내려가 있었기 때문에 그건 뭐, 그냥, 저희 집 같은 경우는 그냥 가족이 해체가 됐어요. 정상적인 가정은 아니죠, 지금. 아빠 같은 경우는 저기 좀, 대한민국에 불신을 많이 갖고 사는 거죠, 예전하고 다르게. 그게, 달라진 게 그거죠. 큰 변화는 없어요. 다른 사람도 마찬가지겠지만 대한민국에 대한 부정적인 생각을 많이 갖고 살아가고 있는 것 같아요.

면담자　　　생각의 변화에 있어서 그런 정부에 대한, 대한민국에 대한 부정적인 생각 말고 혹시 다른 변화가 있는지요?

고운 엄마　　저 같은 경우는 그냥 고운이 그렇게 보내고 나서 그냥 별생각이 없는 거 같아요, 그냥 그날그날 그냥 하루하루 살고. [예전에는] 미래에 뭐가, 예전에는 나중에 나이 먹었을 때는 뭘 어떻게 해야지, 어떻게 돼 있겠지 이런 희망이라든가 기대가 있었는데 지금은 그냥, 미래에 대한 희망이나 계획이라든가 이런 꿈? 이런 게 전혀 없고요. 그냥, 그날그날 그냥 되는 대로 사는 거 같아요. 저희 아들 같은 경우도 예전 같으면 학교 문제라든가 공부 문제라든가 이거를 많이 생각을 하고 제가 옆에서 챙기고 그랬는데 지금은 그런 것도 없어요. 그냥 기본적인 거, 기본적인 거만 해주고 있는 거 같아요. 그리고 사는데 아이한테 많이, 스스로 알아서 스스로 하라는 걸로 많이 미뤄놨죠. 미뤄놓고 그냥… 미래가 없어진 거 같아요. 미래에 대한 희망도 없고, 어떻게 살아야 되겠다 그런 것도 없어요, 현재는.

모르겠어요. 시간이 좀 더 지나면 어떨지는 모르겠는데 지금 현재는 그래요. 그냥 하루하루 그냥 살아요. 미래에 대한 계획, 어떻게 해야 되겠다, 그런 생각 없어요. 그냥 제가 요즘 제일 걱정인 게 내가, 아까도 얘기했듯이 '내가 이렇게 가다가 중간에 포기하면 어떻게 하지? 그만두면 어떻게 하지?' 그런 두려움이 있어요. '내가 끝까지 갈 수 있을까?' 그런 걱정. 예전하고 그게 많이 달라진 거 같아요, 계획 같은 거, 계획도 없고.

면담자 그만두는 게 좀 두렵다고 얘기하셨는데요, 그만둘 수도 있잖아요. 어떻게 보면 일상으로, 일상은 아니지만 돌아가는 그런 분도 계시고. 그게 왜 두렵다고 생각하시는지 혹시 여쭤봐도 될까요?

고운 엄마 제가, 저보다 더 열심히 활동하고 그런 분들은 끝까지 가고, 제가 같이 가지를 않아도 진상 규명이 되면 우리 아이들이 어떻게 해서 그렇게 갈 수밖에 없었는지는 알 수는 있어요, 저도. 다른 유가족들을 통해서 아니면 언론을 통해서 매체를 통해서 알 수는 있어요. 그런데 제가 같이 거기에 동참해서 끝까지 가서… 알게 되는 것하고는 다를 거 같아요. 그리고 나중에 고운이를 만났을 때, 고운이한테 덜 미안하려고. 갈 때 옆에서 지켜주지도 못했는데 그렇게 보내놓고 고운이 네가 그렇게밖에 갈 수 없었는지를… 엄마가 열심히 발로 뛰어서 알고 가야지 고운이 만났을 때 덜 미안할 것 같아서. 내 스스로 가다가 중간에 포기해도, 뭐라고 그럴 사람은 없는데, 그냥 내 스스로, 고운이 이다음에 만났을 때 덜 미안하고 좀 더 떳떳한 엄마가 되기 위해서, 그래서 그래요. 그냥 뭐라고 그럴 사람 없어요, 중간에 내가 포기해도 "너 왜 끝까지 안 하고 중간에 포기해? 그게 자식에 대한 생각이 그 정도밖에 안 돼?" 그렇게 말할 사람은 없어요…. 그치만 제 스스로가 그냥, 제 스스로가 다짐이, 우리 고운이 만났을 때 그렇게 만나고 싶어서.

면담자 　　어머니 참사 후에 뚜렷한 목표나 계획이 없다고 하시면서도, "진상 규명은 꼭 하고 싶다", "내가 해야 되는 게 아닌가" 하고 얘기하셨는데요. 진상 규명이 어머니한테 어떤 의미인지요?

고운 엄마 　　제가 눈감을 때까지 우리 고운이가 왜 그렇게밖에 갈 수 없었는지를 모르고 살면은 되게 답답할 것 같아요. 그리고 내가 알아야지 이다음에 고운이 만났을 때 얘기해 줄 수 있고, 엄마가 그것도 모르고 가서 고운이 만날 수 없잖아요. 그래서 그냥 그 이유 때문에. 다른 건 없어요…. 최소한 엄마라면, 그거는 알아야 될 것 같아서….

면담자 　　어머니 진상 규명이 만약에 된다면 그다음에 혹시 하고 싶은 일이 있으신지요?

고운 엄마 　　모르겠어요. 제가 '진상 규명하면은 뭘 하고 싶다'라는 생각을 해본 적이 없어서. 진상 규명 되면은 제일 먼저 고운이한테 얘기해 주고 싶겠죠. 엄마들이, 엄마, 아빠, 부모님들이 열심히

노력해서 세상에 [진상이] 다 밝혀졌으니까, 모든 사람들한테 알려
줬으니까 너무 억울해하지 말라고 그렇게 얘기해 줄 거 같아요….

면담자   어머니, 이제 세 번 정도 구술증언을 했는데 지난번
에 '이거 얘기 못 했는데'라고 생각됐던 게 있으신지, 아니면 오늘
얘기하다가 빠진 얘기, 마지막으로 하고 싶은 얘기가 있으세요?

고운 엄마   빠진 얘기가 있는지 없는지도 모르겠어요. 제가 처
음에 얘기했듯이 '활동도 많이 안 하고 그래서 많이 도움이 되지도
않을 거 같은데 이걸 괜히 시작했나, 이왕에 하는 거 도움이 되면
은 좋은데 다른 사람들에 비해서 할 얘기도 거의 없고 그래서 도움
이 많이 되지도 않는데 괜히 시간을 낭비해 드린 게 아닌가, 시간
을 빼앗은 거 아닌가[하는 생각이 들어요]. 오늘 걸어오면서도 그 생
각을 했어요, 솔직히. '아, 내가 이 구술증언 해가지고 도움이 돼야
되는데 도움도 못 되면서 아까운 시간을 뺏은 거 아닌가' 그런 생각
솔직히 했어요. 제가 3일 동안 뭔 얘기했는지도 모르겠고요, 뭐 빠
뜨려 먹었는지도 모르겠어요, 솔직히. 제가 얘기도 그냥 별로 도움
안 되는 얘기 하는데 3일 동안 시간 내주셨는데… '귀한 시간 헛되
게 만들지 않았나' 그런 생각하면서 걸어왔어요, 거짓말 아니고 걸
어오면서.

면담자   이야기도 잘하시고 그러신데요.

고운 엄마   제가 고운이한테 그 ≪한겨레신문≫에 저희 편지 써
서 실었는데요, 고운이가 한 4년 키우다 간 강아지가 있어요. 근데

한 4년 넘게 졸라가지고 사준 강아지거든요. 근데 고운이 있을 때도 털이 되게 많이 빠져요. 그리고 아이들 같은 경우는 입으로만 예뻐하지, 그게 다 제 일이었어요. 목욕도 제가 시키고 산책도 제가 시키고. 근데 그것보다도 털이 되게 많이 빠져요, 유달리 강아지가. 그래서 고운이 있을 때도 강아지 시골에 데려다주자고, 데려다주자고 제가 많이 그랬었거든요.

지금 그것도 미안한데, 지금도 제가 그 ≪한겨레신문≫ 편지에 고운이한테 걱정하지 말라고, 이름이 곰순이예요. "곰순이, 엄마가 끝까지 잘 키워줄 테니까 걱정하지 말라"고 그렇게 편지에 썼는데 이게 사람 마음이 간사한지라(웃음), 아우, 막 털이, 막 이불부터 시작해 가지고 막 이렇게 떠다니다가, 밥 먹다 보면 젓가락이고 어디고 다 붙어 있어요. 그러면 "아유, 엄마가 언니한테 끝까지 키워준다고 약속했는데, 아유, 곰순아 니 털 때문에 미치겠다, 엄마가. 너 시골 할머니네 집에 좀 가면 안 되겠냐".

그 얘기 하면은 솔직히 곰순이한테도 미안하고 고운이한테도 미안해요. 엄마가 끝까지 잘 키워주겠다고 걱정하지 말라고 거기서 친구들이랑 잘 지내고 있으라고 그래 놓고서 그런 말 할 때 미안해요. 그래서 고운이한테… 계속 그런 말 해놓고, "고운아 미안해, 엄마가 이런 얘기해서" 그런 생활이 지금 계속 반복되거든요. 그래서 그것도 조금, 그것도 조금 겁나요, 제가 끝까지 못 키워줄까 봐. '고운이 나중에 만나서 고운이 얼굴 제대로 보려면 곰순이 내가 끝까지 키워줘야, 끝까지 잘 키워야 되는데?' 그런 부담감도 있어요.

면담자   저번에 재강이 어머니는 이구아난가 그 재강이가 키 우던 거….

고운 엄마   재강이요?

면담자   재강이는 파충류를 키웠더라고요.

고운 엄마   아, 그래요?

면담자   그래 가지고 그거 분양했다고. 그게 냉동 쥐를 잘라서 먹여야 된대요. 그건 재강이가 이해할 거예요.

고운 엄마   아, 그래서… 네, 그거 위기감도 느끼고 있어요. 제가 중간에 진상 규명하는데 포기할까 봐 그것도 겁도 나고, 저희 곰순이 가는 날까지 끝까지 제가 옆에서 잘 키워주기로 약속했는데 그거 못 지킬까 봐 그것도 그렇고. 제가 고운이한테 약속한 그 부분은 끝까지 지켜주고 싶어요. 그래서 고운이 만났을 때 엄마가 곰순이 끝까지 잘 키우고 보냈다고 얘기해 주고 싶고, 억울함 풀어준 것도 얘기해 주고 싶고, 제 스스로의 약속이에요. 흔들리지 않고 끝까지 갈 수 있었으면 좋겠어요.

면담자   어머니, 힘든 얘기 해주셔서 감사합니다.

4회차

2019년 1월 22일

1
시작 인사말

면담자   본 구술증언은 4·16 사건에 대한 참여자들의 경험과 기억을 기록으로 남김으로써 이후 진상 규명 및 역사 기술에 기여하고자 합니다. 지금부터 윤명순 씨의 증언을 시작하겠습니다. 오늘은 2019년 1월 22일이며, 장소는 안산시 기억저장소 교육실입니다. 면담자와 촬영자는 강재성입니다.

2
기억저장소 활동

이번에 2016년 1월 달에 마지막으로 구술을 하셨어요, 그리고 3년 됐죠? (고운 엄마 : 네, 그렇습니다) 3년 만에 추가 구술을 또 여쭙게 되었습니다. 그동안 사실 3년 동안 어머님 개인적으로도 그렇고, 세월호를 둘러싼 상황들을 가지고도 그렇고, 굉장히 변화가 많았잖아요. 그 부분에 대해서 간략하게나마 기억을 남기기 위해서 여쭤볼 거예요. 아마 기점은 어머님이 저장소 활동을 시작한 시점부터 지금까지 일을 여쭤보려고 합니다. 어머님이 기억저장소에서 운영위원으로 활동하기 시작하신 게 언제부터셨어요?

고운 엄마   지금 갑자기 물어보니까 저도 헷갈리네요.

면담자   저장소가 만들어진 게 2014년이었고, 김종천 국장

117
·
4회차

체제로, 그리고 영만 어머님이 소장으로 계속 계시다가 도언 어머님이 소장으로 오신 게 2016년 7월이었어요.

고운 엄마　　아, 그럼 저는 2016년 8월이요. 소장님이 7월 달에 먼저 와서 있었고, 저희는 한 달 늦게 8월 달부터 초창기 멤버예요.

면담자　　그때 같이 운영위원으로 오신 분들이 누구셨죠?

고운 엄마　　그때 저 있었고, 재강 어머니, 그다음에 9반에 윤희 어머니, 은정 어머니, 7반에 영석 아버님, 저희 같은 반에 수진 어머니, 영만 어머니, 그러고 나서 태민 어머니가 제일 늦게 들어오고요, 혜선 어머니가 저희보다 조금 뒤늦게 합류를 했죠.

면담자　　수진 어머님도 계셨군요?

고운 엄마　　네, 초창기에 같이 있다가 몸 상태가 안 좋아져서 그만두게 됐죠.

면담자　　그러면 저장소 활동을 하시기 전에는 어떤 활동을 하셨어요? 공방이라든가 합창단이라든가….

고운 엄마　　그때 저 같은 경우에는 저희 전체 활동하는 거 하고요, 목공방에 수업을 듣다가 나무 같은 절단 작업까지 다 해야 되는 과정이 왔는데 제가 그 기계가 무섭더라고요. 그래서 그거는 못하고 중도에 그만두게 되고, 그러고 나서 도언이 어머니가 소장으로 오고 나서 저장소 같이 가족운영위원으로 일해보면 어떻겠냐는 제의를 받고 8월 달에 오게 된 거죠.

면담자   어머님 목공방 말고 엄마공방에서는 같이하시진 않으셨나요?

고운 엄마   저는 수업은 듣고 그랬는데 제가 손재주가 없어요. 그래서 다른 거 하지는 않고 공방에서 했던 게 양말목이라고, 양말목 틀을 끼워서 베 짜듯이 짜는 게 있었어요. 그거는 잠깐 했었어요. 그런 거 말고는 공방에 수업 듣는 거만 했죠.

면담자   저장소에 있는 어머님들도 공방 활동도 계속 같이하시고 하시잖아요.

고운 엄마   혜선 어머님은 천연화장품 팀장님으로 있고, 태민 어머니 같은 경우는 퀼트 팀장님으로 있는데, 저 같은 경우는 그 역할은 아니고 제가 원하는 수업 들어가서 수업받는 정도.

면담자   어떤 수업 하셨어요?

고운 엄마   저 같은 경우는 2018년 상반기에는 아예 수업을 안 들었고, 후반기에는 원예 수업하고 천연화장품 수업을 들었어요.

면담자   원예랑 천연화장품이요? (고운 엄마 : 네) 알겠습니다. 저장소 활동 얘기를 시작하면 될 것 같은데요. 저장소 활동을 누가 하자고 제안하셨나요?

고운 엄마   지금 소장님으로 계신 도언이 어머니가 제의를 했었죠. 이게 목공방에 들어가기 전에는 솔직히 재강이 어머니도 그렇고 도언이 어머니도 그렇고 잘 몰랐었어요. 도언이 어머니하고 재강이 어머니 같은 경우에는 안산에서 팽목항까지 19박 20일 도보할 때 두 분이서 친해진 거고. 저 같은 경우에는 그 전에는 얼굴은 알아도 전체 활동을 하다 보니까, 자주 보니까 얼굴은 알아도 목공방 하기 전에는 잘 몰랐었죠. (면담자 : 반이 다르니까요) 네, 목공방 수업 들으면서 친분이 조금 생기니까 그때 소장님이 제의를 했었던 거죠. 그래서 재강 어머니하고 저하고 제의를 해서 들어오게 된 거죠.

면담자 뭐라고 제의를 하셨나요?

고운 엄마 자기가 저장소 소장을 맡게 됐는데 그래도 "가족들이 같이 들어가서 힘 모아서 해보면 좋지 않겠냐"라고 얘기했을 때, "[기억저장소를] 정상화시키는데 더 빨리 시키지 않을까" 그런 얘기를 해서. 어차피 제가 전체 활동은 계속하기는 해도 [당시에] 전체 활동이 점점 줄은 상태였으니까, 가서 뭔가를 맡아서 하면 소속감도 있고 그래서 더 낫겠다 [싶어서] 내가 뭐 저장소를 가든 다른 분과를 가든 어딜 가서 내가 움직이면 진실 규명하는 데 같이 걸어가는 길이니까, 그래서 흔쾌히 제안을 받아들였죠.

면담자 방금 '저장소 정상화' 요렇게 말씀하셨는데, 저번에 저장소 집단구술 할 때도 정상화 과정에서 굉장히 어려움이 많으셨다고 그런 얘기를 들었는데, 어머님이 개인적으로 기억하시기에 제일 인상 깊었던 일이 있다면요?

고운 엄마 저 같은 경우는 솔직히 저장소가 있는 줄도 몰랐어요, 저는. 예전에는 전체 활동하고 다니고 그러느라고 솔직히 저는 저장소가 있다는 자체도 몰랐었고요. 지금 소장님이 제의해서 들어오면서 얘기를 들어서 '아 이런 곳이, 이런 공간이 있구나'라는 걸 그때 처음 알았고. 저 같은 경우는 소장님처럼 앞에 나서서 모든 거를 다 일하는 입장이 아니다 보니까 저는 세세하게는 몰라요. 소장님이 크게 크게 얘기를 해주시는 거 듣고서 알게 된 거죠. 그런데 예전에 계셨던 분들이 계속 저장소를 이끌어오고 일은 했어도, 저희 가족들이 생각하는 애착심이라든가 그런 것도 별로 없었고, 제일 큰 거는 체계가 안 잡혀 있었다는 거. 주먹구구식이라고 얘기를 해야 되나요? 체계가 안 잡힌 상태에서 그렇게 살림을 해오다 보니까 직원들 월급 나가는 부분, 경제적인 부분이 많이 어려웠다는 것도 알고 있고. 그래서 그 부분을 제일 체계 잡아가면서 경제적인 부분을 정상화시키는 데 제일 어려움이 많았던 거 같아요.

그래서 저희가 그때 저장소에 들어와서 초창기에 많이 했던 게 저장소 후원 회원들, 민주당 당대회도 있으면 거기 가고, 그러니까 많은 사람들이 모이는 공간이면 저희가 다 같이 가서 후원 회원[으로] 받아오느라고 그때 그 활동을 많이 하면서 경제적인 부분을 해결하는 게 제일 어려웠던 거 같아요. 모든 기관이고 모든 개인적인 사람이고 그게 뒷받침이 되지 않으면 일을 해나갈 수 없고 계속 연속성이 없을 거 같다는 개인적인 생각을 갖게 됐죠.

면담자　　　후원 회원들 모집하기 위해서 굉장히 백방으로 뛰어다니신 건데, 또 왜 참사 초기에 특별법이라든가 해서 서명도 많이 받으러 다니셨잖아요? (고운 엄마 : 네) 그때 어머님도 서명 다니셨던 거예요?

고운 엄마　　네, 저도 서명을 받으러 다녔었죠.

면담자　　그때하고 후원 회원 모았을 때 비교를 해보면 어떤 면이 비슷했고 어떤 면이 달랐는지요?

고운 엄마　　저 같은 경우에는 다른 부모님들처럼 100프로 다니지는 못했어요. 그때 저희 고운이 동생이 있다 보니까, 저희는 개인 가정사가 저하고 ○○이 하고만 살았으니까, 제가 지방 같은 데 서명을 받으러 다니면 아이가 혼자 남겨지는 부분이 있기 때문에 저 같은 경우에는 많이 100프로 다니지는 못했어요.

그런데 그때 당시보다는 제 그냥 체감으로 느끼는 게, 절실함이라고 해야 되나요? 그게 [특별법 서명 당시에는] 진실 규명을 꼭 해야 되겠다는 그런 절실함 때문에 저희가 겨울에 서명받으러 다닐 때도 그렇고, 사람들한테 많은, 가슴에 꼭꼭 눌러 담게 되는 그런 안 좋은 얘기를 듣고 그래도 '그쯤이야' 하고 그때 당시에는 그냥 힘든지 모르고 다녔던 거 같아요. 그런데 제가 저장소도 후원 회원을 많이 확보를 하고 후원을 해주서야지 저희 아이들 진실 규명하는 데 100프로는 아니더라도 이 기록물로 인해서 기여도가 생기니까, 그것도 후원 회원 약정도 받으러 다닐 때에는 그때만큼의 마음가짐이, 솔직히… 개인적으로는 그런 것도 있었어요.

제가 이렇게 많은 사람들한테, 진실 규명 서명은 그냥 서명만

하면 끝인데, 이거 후원 약정서는 후원 약정서를 써줌으로 인해서 그 개인의 돈이 매달 차곡차곡 나가게 되는 거잖아요. 그러니까 어떻게 보면 좀 더 직접적인 것이면서도, 그 사람한테 미안한 마음? 이거를 경제적인 부분까지 돈 부분까지 제가 부탁을 해서 받아가지고 저장소가 운영이 되어야만 한다는 그게, 그때는 좀 마음이 그랬었어요. 이게 정부에서 이 역할을 해주면, 우리가 왜 개인한테 돈 문제까지 이렇게…. 나쁘게 표현을 하면… 막 자연적으로 후원 약정서를 써주는 사람도 있었지만, 저희가 '저장소 이런 식으로 이렇게 해나가고 있는데 이런 한 분, 한 분의 정성이 모여서 저장소가 이렇게 나가야 된다'는 거를 구구절절이 설명을 하고 한 번에 오케이 안 했는데, 두 번, 세 번 설명을 해서 그 사람이 100프로 '아, 그래 후원 약정서 써줘야지' 이게 아니고 몇 프로의 마음이라도 '내가 별로 하고 싶지 않은데'라는 생각이 있는데도 저희가 부탁을 하니까 마지못해 해주는 부분이 있을 때마다 '내가 꼭 이 짓까지 해야 되나?' 그런 자괴감도 솔직히 있었어요.

초반에는 그런 마음이 있었는데도 불구하고 자괴감이 들었죠. 근데 '우리가 이 역할을 해서 저장소가 잘 굴러갈 수 있으면 해야지' 그런 생각 가지고는 했는데, 마음 한편으로는 그런 마음도 있었죠, 솔직히.

면담자   후원 약정을 받는다는 게 좀 더 부담스럽고 죄송스러운 마음도 들고 이런 것 때문에.

고운 엄마   네, 예전에 진실 규명 서명 같은 경우에는 서명만 해
주면 끝이었지만, 이거는 또 다른 문제더라고요. 그 사람한테 금전
적인 거를 요청을 드리는 거고, 그러는 거니까. 그런[부담스럽고 죄
송한] 마음[이] 한편으로는 마음 한구석에 있으면서도 이거를 해야
지만 저장소를 이끌어나갈 수 있다는 그런 생각 때문에 한 거죠.
그리고 또 내가 그런 활동을 안 하면, 안 해도 되는 부분이지만, 그
래도 내가 해야 되기 때문에 이것도 해야 되는 거라고 생각을 하고
한 거죠.

면담자   시민분들 반응은, 14년도에 서명받으러 다닐 때랑
16년도에 후원 약정서 받으러 다닐 때랑 어떻게 달랐나요?

고운 엄마   체감온도가 많이 다르죠. 저희가 진실 규명 서명받
으러 다닐 때 체감온도를 100으로 놓고 보면, 100도라고 말할 수
있어요. 그때 당시는 누구든지 아이들이, 다 방송을 통해서 봤잖아
요. 아이들을 구할 수 있는 시간이 충분했는데 구조를 하지 않았다
는 안타까운 마음 때문에 진실 규명을 해야 된다는 그런 마음을 갖
고 서명을 많이 해줬는데, 그때는 체감온도가 100도였으면 시간이
2015년, 2016년 지나면서 저희가 느끼는 체감온도는 점점 줄어들
었죠. 그리고 이게 예전처럼 진실 규명 서명은 제가 이 사람한테
"서명을 해주세요"라고 말했을 때 1초의 주저함도 없이 그 사람한
테 설명을 하고 부탁을 했었는데, 약정서를 받을 때는 제가 조금
사람 인상으로 판단도 있잖아요. 그랬을 때 '내가 이거를 저 사람한

테 얘기를 해야 되나 말아야 되나?' 그런 망설임도 있고, 그런 게 좀 달랐던 거 같아요. '저 사람한테 이거를 얘기를 할까, 얘기를 해도 될까?' 그런 망설임이 있었어요.

면담자　　　　오히려 그런 죄송스러운, 미안함이 더 커지시니까 말 붙이기가 더 힘들어지신 거네요.

고운 엄마　　　그리고 체감온도도 다르니까, 시간이 지나면서 체감온도도 다르고 그 사람들의 생각도 달라지고 그러니까. 저희가 후원약정서 받으면서 많이 듣는 얘기가 "정부에서 해주는 거 아니에요?" 그리고 앞에 4·16이라는 숫자가 많이 붙어서, '4·16연대' 앞에 4·16이라는 숫자는 똑같고 뒤가 '4·16연대', '4·16저장소', '4·16가족협의회', 너무 많잖아요. 그러다 보니까 저장소의 후원약정서를 설명을 하면 사람들이, 저희는 잘 아니까 다 다르다는 걸 알고 있지만, 다른 사람들은 4·16연대도 그렇고, 4·16저장소도 그렇고, 4·16가족협의회도 그렇고 다 같게 생각하는 사람들이 많아요. 그러면 설명을 했을 때 "어? 나 지금 그거 후원하고 있는데요?" 그러다 보면 이게 [4·16]연대더라고요. 그러니까 그렇게 생각하는 부분도 자꾸 듣다 보니까 '내가 이 사람한테 후원약정서를 설명을 할까?' 그런 망설임이, 사람들을 많이 만나면서 그런 얘기도 듣다 보니까 그런 망설임이 생기게 되더라고요.

면담자　　　　일반인 입장에서는 4·16연대랑 4·16가족협의회, 4·16기억저장소 구분을 안 하잖아요.

고운 엄마   "저 이미 후원하고 있어요" 이렇게 얘기를 하니까. 그래서 그런 얘기를, 후원약정서 받으면서 그런 얘기를 많이 듣다 보니까 망설임 없이 설명을 안 하게 되더라고요. '이 사람한테 설명을 해도 될까?', '저 사람 딱 봐도 해줄 거 같은데' 그런 사람한테는 망설임 없이 설명을 하는데, 그게 생기더라고요, 나중에.

면담자   그래도 부모님께서 발 벗고 뛰어다니신 덕분에 빠른 시일 내에 저장소가 정상화된 부분이 있어가지고요, 그때 어머님들 노고가 엄청 크셨을 거 같긴 해요.

고운 엄마   네. 그때 저희가 그렇게 안 했으면 저장소가, 금전적인 게 뒷받침을 해주지 않았으면 여기까지 못 왔을지도 몰라요. 그게 기본적인, 금전적인 문제가 해결이 됐기 때문에 지금까지 올 수 있었다고 생각을 해요.

면담자   그런 말씀 들을 때마다 마음이 안 좋았겠어요. "정부에서 해주는 거 아니야?" 이렇게 얘기하는 분들이 많았다고 하시니까.

고운 엄마   제가 엄마가 아니었으면, 그런 소리 듣고, 마음 아픈 얘기 듣고 하다 보면 '아이씨, 그만하지. 안 해' 그러는데 이게 엄마이기 때문에, 그리고 아이들을 위하는 길이기 때문에 그런 거를 감수하고 간 거죠.

단원고 4·16기억교실의 교육적 의미

면담자　얘기를 조금 바꿔서요, 16년도 그때 저장소가 단원고 기억교실을 이전한 다음에 관리와 보존을 맡게 됐는데요, 그때 고운이 책상도 같이 왔잖아요. 단원고에서 나와서 새로 재현된 이 교실을 보시면서 어떤 생각이 드셨는지요?

고운 엄마　그때 도언이, 재강이, 고운이 책상은 그날 옮겨오지 않았었어요. 단원고에 있었어요. 그래서 저희는 단원고에 그대로 뒀다가, 나중에 저희하고 상의 없이 교장실로 옮기기는 했는데, 저희는 여기 다 재현…이 아니고 구현, 구현이 다 끝난 상태에서 저희는 가지고 왔거든요, 책상을. 재현이 아니고 그때 당시는 '구현'으로 표현을 했었어요. 구현이 다 끝났을 때 저희는 그때 따로 가지고 왔거든요. 그런데 저는 이미 단원고에서 책걸상이 나갈 때, 그때 이미 어떤 공간으로 가든, 어떤 장소에 가서 새로 많은 돈을 들여서 새로 건물을 지어서 아이들 책걸상과 그 교실에 있는 기록물이 들어가든, 의미는 없다고 생각을 해요. 이미 단원고에서 떠난 그 시점부터 의미는 없어요. 다른 분들은 모르겠어요. 저는 개인적으로 그렇게 생각을 했어요.

'그냥 아이들이 썼던 책걸상, 그 교실에 있는 기록물만 있을 뿐이지 그 장소적인 의미는 아무 것도 없다'라고 생각을 하고 그냥 말 그대로 상징적일 뿐이라고 그렇게 생각을 했고, 기억교실에 방문

해 주시는 분들한테도 제가 말씀을 드리는 게 있어요. '이게 아픈 역사이기는 하고, 감추고 묻어버릴 역사이긴 하지만, 대한민국에 이런 참사가 다시는 없게끔 하기 위해서 교육의 가치, 교훈의 가치로 남겨지려면 단원고 교실에 그대로 있을 때에 그 가치가 있고 의미가 있는 건데 지금 이곳은 상징적일 뿐'이라고 제가 생각을 했어요.

저는 그래서 지금도 마찬가지예요. 저 별관에 있을 때도 그렇고, 지금 이곳도 그렇고, 그냥 책걸상과 교실 안에 있는 텔레비전부터 해서 칠판부터 해가지고, 1반 같은 경우에는 아이들이 손수 4월 달 달력까지 제작을 해서 벽면에 붙어 있는데, 그냥 상징적인 것뿐이라고, 의미는 1도 없는 장소에 불과하다고, 저는 개인적으로 생각을 해요. 나중에 2021년 2월 달에 [복원이] 예정은 돼 있지만, 아직 좋은 자리를 들어서 좋은 건물로 탈바꿈을 해서 재현, 복원에 가깝게 해놓겠지만 그때도 상징적인 거죠. 의미는 없는 거죠. 아이들이 실제로 생활을 했던 그 단원고의 교실이 아니기 때문에 저는 그 이후에도 그런 생각은 변함이 없을 거 같아요.

면담자   공간이 새로 완전히 재현이 된다고 하더라도 단원고 바로 그 공간이 아니기 때문에.

고운 엄마   그렇죠. 단지 고운이가 사용했던 책걸상의 의미만 있는 거지, 그 공간적인 의미는 전혀 없다고 생각을 해요. 그래서… 저는 모르겠어요. 단원고 교실에 있을 때 갈 때랑 여기 올 때랑 기분이 0하고 100 차이예요, 저는. 그냥 무의미…하다 그럴까.

그래요, 제 개인적인 생각은.

면담자　　　얘기가 좀 많이 뛰긴 하지만 기억교실 얘기가 나왔으니까요. 지금 안산시 교육청 본관으로 이전한 이후에 기억저장소 운영위원 어머님들께서 기억교실 방문하시는 분들한테 안내를 많이 해드리잖아요. 그때 강조해서 말씀드린다거나 하는 부분이 있을까요?

고운 엄마　　　저희가 2016년 8월, 2016년 11월부터 개방을, 재개방을 시작해서 17, 18 벌써 햇수로 3년이 되가는데, 지금은 예약해서 오시는 분들한테 안내를 해도 이제는 덤덤하게 안내를 해드릴수가 있는데, 그때 당시에는 안내하는 과정도 되게 힘들었어요. 그리고 그때 당시에 힘들었던 게 고운이 또래 대학생들이 왔을 때, 그때 설명하고 안내하기가 가장 힘들었어요, 이게. 고운이하고 같은 또래 아이들을 상대로 설명을 하고 안내를 해야 되는 게 가장 힘들었던 점이 얘기 도중에 나도 모르게 눈물이 나오고 그래서 그때 당시에 그게 제일 힘들었어요. 같은 또래를 대상으로 설명을 하고 안내를 해야 된다는 게.

　(눈물을 훔치며) 그리고 청소년, 고등학생, 대학생들한테는 항상, 저도 개인적으로 생각을 해보면 아이들한테 '항상 어른이 얘기하면, 어른 말 들어야 된다' 어른들이 얘기할 때 아이들은 자기주장을 얘기하는데도, 어른들은 그거를 말대꾸로 생각을 하잖아요. 집에서도 그런 교육을 시켰고, 학교에서도 그런 교육이 이루어지고,

배에서도 가만히 있으라는 말 한마디에 아이들이 가만히 있었잖아요. 그래서 저는 청소년 친구들한테는 그 얘기를 많이 강조했던게, "내 생각이나 주장을, 아무리 어른이나 선생님이라도 이게 옳지 않다고 생각했을 때는 내 의견을 얘기해야 되고, 가만히 있으라는 얘기에도 내가 스스로 판단했을 때 그게 아니라고 생각했을 때는 어떤 행동이든지 해야 된다"고, "그렇게 되기 위해서는 지금부터라도 조금씩 조금씩 그 과정이 있어야지, 나중에 성인이 됐을 때 '이게 아니다'라고 생각을 했을 때 내 주장을 얘기할 수 있는 그런 사람이 될 수 있다"라고 강조를 했었던 거 같고.

어른분들은 옛날에 5·18도 그렇고 모든, 제가 갑자기 생각이 안 나요. 연세대 (면담자 : 이한열 열사) 이한열 열사도 그렇고, 저기 죽은 사람 (면담자 : 박종철 열사) 박종철 그 사람도 그렇고, 그런 사람들이 그런 민주주의, 데모 같은 거를 기성세대들이 그런 역할을 하지 않았으면 대한민국에 그나마 이 민주주의가 오지 않았을 거고, 지금 저희가 이렇게 누릴 수 있는 그런 시간이 아니잖아요. 그래서 이런 부분도 저희 기성세대가 움직여 주지 않고 그냥 "'내 일이 아니다'라고 생각을 하고 여기에 안주해 버리면 우리 밑의 세대들이 우리가 겪는 거를 다시 반복해서 겪을 수 있다"라고 얘기를 해요. 그래서 제가 "기성세대가, 저희처럼 크게 활동은 안 하더라도 작게나마 리본을 붙이든지, 아니면 차량에 스티커를 붙이거나 그 잊지 않아주는 그런 행동 하나하나가 다, 행동을 같이 저희랑 하고 있다고 생각을 하시면 된다"고 그렇게 얘기를 했거든요. 그래서 기성세대들한테는 "기성세대가 움직여 주지 않으면 그런 일은 되풀이된다"라고 얘기를 그렇게 했던 거 같아요. 그리고 선생님들 특히, 아이들 데리고 온 선생님들한테도.

선생님들한테는 반대적인 거죠. 아이들의 의견을 무시하지 말고 아이들의 의견도 충분히 들어줄 수 있는 선생님이고, 이 기억교실을 어떤 식으로든 어떤 방법으로든 체험학습 시간이든 통해서 데리고 와서 눈으로 직접 보여줄 수 있는 교육을 시킬 수 있는 선생님이 됐으면 좋겠고, 선생님들한테, 다른 모든 대한민국 전체가 그래 주면 좋지만, 세월호 참사는 교육청, 학교, 그리고 학교에 다니는 아이들이 당한 일이고 일어난 일이잖아요. 그래서 매일은 아니라도, 진짜 다른 기관은 아니더라도 "학교만큼은 1년에 하루, 4월 16일 날 아침에 수업 들어가기 전에 내 반의 아이들을 데리고 세월호 참사로 희생된 아이들에 대한 묵념, 1년에 한 번 묵념을 하고 그 하루를 시작해 줬으면, 그런 시간이 왔으면 좋겠다"라고 얘기를 하거든요. 그거는 선생님이 개인적으로도 충분히 할 수 있는 거잖아요.

이게 학교에서, 교육청에서 전국의 학교를 그렇게 지정해 주면 좋죠. 4월 16일은 세월호 참사로 희생된 단원고 학생들을 위한, 아니 세월호 참사로 304명을 기리는 묵념을 시작하는 걸로 딱 지정을 해주면 좋아요. 그렇지만 개인적으로 "내가 맡은 아이들만이라도 그렇게 4월 16일 날 묵념을 하고 시작할 수 있는 그런 날을 선생님 스스로도 해줬으면 좋겠다"고 제가 그런 얘기를 많이 했던 거 같아요.

4
광화문 촛불집회

면담자　　　제가 그동안 부모님들께서 기억교실 안내하시는 거 촬영도 많이 했었는데, 그때 두런두런 하셨던 얘기들을 압축적으로, 중요한 얘기들만 잘 풀어서 설명해 주신 거 같아요. 조금 분위기를 바꿔서요, 2016년 말 되면 국정농단, 최순실 사태가 터지고 나서 막 촛불혁명이나 촛불집회가 엄청 크게 불붙었잖아요. 그때 가장 최선두에서 서셨던 분들이 여기 세월호 부모님들이셨어요. 그때 어머님도 반별로 같이 광화문 나가고 하셨어요?

고운 엄마　　　저는 딱 한 번, 딱 한 번 빠지고 참석을 다 했어요. 그런데 그때 저희 겨울이었잖아요, 그래서 많이 힘들었어요. 그런데 이게 박근혜 정부가, 현재가 그러다 보니까 촛불혁명으로 인해서 정부가 바뀌면, 우리 진실 규명하는 거에 조금 더 보탬이 되고 조금 더 쉬워지지 않을까라는 그런 생각을 하나를 갖고, 힘들지만 그래도[참여했고], 그리고 다른 국민보다도 저희가 더 절실했잖아요. 다른 국민들은 그냥 정권이 바뀌면[좋겠다는] 같은 마음이지만, 저희는 그런 같은 마음에 플러스, '세월호 참사의 진실 규명에 더 가깝게 빨리 갈 수 있는 길이 그 길이다'라고 생각을 했기 때문에 저희는 절실함이 100이었기 때문에 그렇게 할 수밖에 없고 하게 되더라고요. 그래서 저도 딱 한 번, 몸 상태가 안 좋아서 한 번 빠지고 다 참석을 하게 됐어요.

면담자　　　저보다도 훨씬 높은 참석률을 보이셨었네요(웃음).

고운 엄마　　그런데 그때도, 한 번 빠진 것도 되게 다른 사람한테 미안하고, 되게 갈등을 많이 했어요. '참석을 할까, 하지 말까?' 고민 없이 '나 참석 안 할래' 이게 아니고 되게 고민을 많이 했어요. 그래서 몸 상태가 안 좋다 보니까 '참석하지 말자'라고 한 번 빠졌던 기억이 있어요.

면담자　　　그거 관련해서 제가 크게 두 가지 정도를 여쭙고 싶은데요, 일단은 처음에 최순실 국정농단 사태가 전모가 다 드러난 건 아니지만, 대강 드러났을 때, 처음에 딱 들었을 때 어떤 느낌이 드셨어요? 특히 박근혜 대통령이라든가 그 당시에 권력을 가지고 있었던, 부모님들을 당시에 굉장히 힘들게 했던 이들에 대해서요.

고운 엄마　　그런데 저희가 솔직히 세월호 참사가 있기 전에는 저도 그렇고, 다른 부모님도 그렇고 그냥 가정에서 살림하고 아이들 키우고 직장생활 하면서 그렇게 살았지, 정치라든가 대한민국이 어떻게 굴러가는지 솔직히 관심 없었어요. 그러니까 개인주의라고 보면 돼. 내 식구들이 잘 먹고 잘 살면 되지, 그래서 관심이 없어서 대한민국을 바라보는 눈도 없었어요. 그런데 그게 딱 터지고 나서 저는 그래도 나름 저희 대한민국이 그래도 선진국이라고 얘기하잖아요. 그리고 예전에는 그런 문제가 밝혀진 적이 없었기 때문에 대한민국이 민주주의고 그렇지만, 그래도 이렇게 조선 시대처럼 신분이 따로 정해지지는 않지만, 그래도 굳이 말을 안 해도

예전에 조선 시대처럼 있잖아요, 상류층, 중하 뭐 이렇게 (면담자 :
신분 계층) 네, 신분이, 조선 시대처럼 양반, 상놈, 노비 이런 건 아
니더라도 이게 있거든요. 그래서 이렇게 우리와 같은 사람이, 권력
가진 사람들이 [우리 같은 사람들은] 모르게 조금씩만 이렇다라고만
알고 있었지 국정농단 터졌을 때, 나름 선진국이라고 얘기하는 대
한민국에서, 아니 그냥 무슨 회사도 아니고 일반 가정집도 아니고,
어떻게 이런 선진국 대한민국에서 이런 일이 있을 수 있을까, 가능
할까라는 생각이 먼저 들었었어요. '아, 대한민국이 이 정도로 부패
가 돼 있고 썩어 있고 일부 권력자들에 의해서 대한민국이 이렇게
여태껏 박근혜 정부 바뀌면서 이렇게 대한민국이 굴러갔다는 거에
대해서, 그러면서도 대한민국이 어떻게 참 망하지 않고 굴러갈 수
있었나?' 참 신기하다는 그런 생각을 저는 개인적으로 했었어요.
예전에는 뭐, 그 앞전에 전 대통령들 비리가 터졌을 때도 그렇게까
지는 몰랐는데, 이렇게 심한데도 대한민국이 살림이 되어져 갈 수
있었다는 게 저는 되게 놀랍고 신기할 정도로, 그렇게 느껴졌었어
요, 저는.

면담자   다들 진짜, '이게 나라냐'라는 말이 나올 정도로, 세
월호 당시에도 그랬지만, 촛불집회 할 때도 다들 '이게 나라냐' 그
런 걸 또 절실히 느낀 때였죠.

고운 엄마   무슨 개인 가정 살림 하는 것도 아니고.

면담자   가정 살림도 그렇게는 안 하죠.

고운 엄마 윤명순

고운 엄마 　　하여튼 신기했어요. 저도 살림을 해보지만 품목별로 다 따져서 계획성 있게 그렇게 살림을 하고 사는데, 어떻게 대한민국 정부가 저렇게 살림을 해나갈 수 있었나 되게 신기했었어요.

면담자 　　그리고 또 한 가지 여쭙고 싶었던 게, 사실 이거는 개인적인 궁금증이기도 했는데, 사실 15년도, 그리고 16년에 당장 국정농단 사태가 터지기 전까지만 해도 사실 세월호에 대한 국민적인 관심이 조금씩 떨어지고 있었고요. 정부에서도 그렇고 조금씩 부모님들을 일부러 고립시키려고 하고, 그런 움직임이 있었잖아요. 특히 15년도에 집회하고 할 때는 부모님들은 굉장히 절실한데도 차벽에 막혀가지고 물대포 맞으시고 했던 거 보면서 되게 가슴 아팠던 기억이 나는데요. 그때 국민들의 관심이 좀 줄어들었던 것에서, 갑자기 최순실 국정농단이 터지니까 국민적 관심이 확 몰렸잖아요. 조금 아쉬우셨을 수도 있을 것 같아요. '왜 진작에 이렇게 안 나서주고, 왜 이제서야' 이런 생각은 혹시 드시지 않으셨을까요?

고운 엄마 　　음… 했죠. 당연히 다 했을 거 같아요. 이게 원망을 하면서도 입장을 바꿔놓고 생각하면 그 사람들 입장에서는 그럴 수도 있고 그럴 수밖에 없을 거 같아요. 이게 왜 이러냐면 내 일이 아니기 때문에, 내 일이 아니기 때문에 처음에는 관심을 가졌다가 시간이 지나면 그 사람들이 '아, 나 신경 안 써. 관심 끊어' 하고 한 번에 그게 아니고, 가졌던 관심이 시간이 지나면서 이 사람도 모르게 점점점점점 없어지는 거죠, 내 일이 아니니까.

우리는 당사자이고 내 일이니까 절실함이 있기 때문에 잊을 수가 없잖아요. 그런데 그 사람들, 한편으로는 그런 생각을 하면서도 입장을 바꿔놓고, 가끔씩 제가 '아, 내가 그 입장이면 나도 그랬겠다. 그럴 수밖에 없겠다. 이게 내 일이 아니기 때문에' 그 생각도[해요]… 이게 나름 양면이 있는 거 같아요. 시간이 지나면서 사람들이 잊고, 사람들한테 잊혀지는 게 되게 겁이 나고 불안했죠. 국민들이 다 잊어버리고 우리 그냥 세월호 유가족들만 이 짐을 지고, 우리 유가족들만 이 먼 여정의 길을 간다면 빨리 지치고 끝까지 갈 수 있을까 그런 두려움이 많았어요. 그리고 나 스스로도 '내가 이렇게 진실 규명하겠다'라고 활동을 하고 있지만, 나도 사람인지라, 당사자이고 고운이 엄마임에도 불구하고, 내가 이 길을 가다가도 중간에 나도 모르게 힘들어서 주저앉고 '그만할까? 포기할까?' 그런 상황이 올까 봐 저 스스로도 겁이 났었거든요, 그게 제일 무서웠었거든요. 그러니까 저희 부모님들이 제일 두려웠던 게 모든 사람들한테 잊혀진다는 거 그게 제일 두려웠어요.

그래서 저희가 시간이 지나면서 그런 것도 있었지만, 그래도 다행히 전화위복으로 박근혜 국정농단이 터지면서 우리의 절실함과 그 사람들의 이런, '내가 살아갈 대한민국 땅에 이런 일이 일어났으니 그대로 두고 볼 수 없다', '내가 세월호 참사로 자식을 잃은 당사자는 아니지만', 그러니까 그 마음에 플러스 저희는 진실 규명도 있었지만, 그분들은 진실 규명을 뺀 그 마음에 '이게 나라냐', 진실 규명 아니더라도 '바꿔야 되겠다'는 그런 마음 때문에 같이 이제 붐이 일어나서 같이 움직여 준 거죠. 그런데 저희는 그게 그 마음에 진실 규명 플러스가 아니더라도 저희가 점점 잊혀졌던 마음이 다시 불씨가 돼서 살아난 게 저희한테는 진짜 전화위복이었죠. '그게 안 터졌으면 과연 어떻게 됐을까?'라는 생각이 들어요.

그래서 저희는 그게 진짜 나라적으로 보면 그렇게 나라가 살림이 되어가면 안 되는데, 그 박근혜하고 최순실이 나라를 운영을 그렇게 했기 때문에 그게 터지는 바람에 저희는 오히려 전화위복으로 불씨가 되살아나고 도움을 받은 거죠. 그래서 사람인지라 원망도 하고 그렇지만 한편으로는 이해도 해요. 그 사람들은 내 일이 아니기 때문에 항상 어떤 일이든지 당사자가 아니면 제3자는 시간이 지나면 그 사람도 모르게 점점 잊혀지기 마련이더라고요. 저는 그렇게 생각을 해요.

면담자 저도 궁금한 것이 많이 풀어진 거 같아요. 전화위복으로 국민들이 다시 세월호를 안 잊고, 또 최순실 국정농단 때 관심이 같이 터져 나온 거에 대해서 오히려 고맙다고 말씀해 주시니까.

고운 엄마 고맙죠. 얼마나 고마운 일이에요.

5
세월호 인양

면담자 이제 그다음에 세월호가 인양된 시점 얘기를 해볼까 봐요. 세월호 인양이 2017년 3월에 이루어졌는데요, 그날 인양이 될 거라는 걸 미리 알고 계셨었나요?

고운 엄마   아니요. 저희 유가족들은 막연히 '인양을 못하는 게 아니라, 인양을 안 하고 있다'라고 막연히 생각을 하고 있었어요. 그런데 정권 바뀌고 나서 인양을 한다고 해도 그렇게 빨리 될 거라고는 전혀 생각을 못 했어요. 그날도 시범적으로 한다고만 알고 있었지, 실제로 인양이 될 거라고는 상상도 못 했거든요. 그래서 저희도 깜짝 놀랐어요. 어, 시범적으로 들어 올린다고 했는데 실제로 인양이 되니까 '이렇게 쉽게 인양을 할 수 있었나?' 저희도 깜짝 놀랐어요.

면담자   그러니까 그 날짜에 들어 올린다고 알고 있었던 게 아니라 시범적으로 해본다고 알고 계셨군요?

고운 엄마   '그날 인양을 한다' 이게 아니었던 걸로 저는 기억을 하거든요, 그래서 저희도 깜짝 놀랐어요. '이렇게 쉽게 인양을 할 수가 있었어? 그럼 우리가 생각한 게 맞네. 인양을 안 한 거네. 여태 시간 끌기 하고 인양을 안 했던 거네', '이렇게 생각지도 못하게, 이렇게 인양을 빨리 할 수 있는데'. 그때 저희가 막연하게 생각했던 게 맞았던 거죠, '인양을 못하는 게 아니라 안 한 거다'라고. 그게 확실해진 게 그날이었어요. '인양을 안 한 거였구나, 인양을 못 한 게 아니고.' 그렇게 쉽게 할 수 있었으면 했죠, 진작 했죠. 그런데 박근혜 정부 때는 안 하고 계속 미루고 미루고 시간을 끌었던 거죠. 그래서 저희도 그날 놀랐어요. 그렇게 인양이 될 거라고 생각도 못 했으니까.

면담자   그날 어머님이 목포에 내려가시진 않으셨겠지요?

고운 엄마   수심에서 인양할 때는 저는 없었고, 목포 신항에 옮겨올 때 그때 갔었죠, 저는.

면담자   그때 세월호가 눕혀진 채로 왔잖아요. 그때 처음 보셨을 때 어떤 느낌이셨나요?

고운 엄마   그때 저희 목포 신항에 가서 부모님들이 다 그 배를 보고 한 분도 빠짐없이 다 울었던 걸로 기억을 하는데, 일단 3년 넘게 바닷속에 있었던 배의 흉물스러운 겉모습을 딱 보는 순간… 눈물이 났었고, 눈앞에 가까이 보면서 '우리 아이들이 이 배를 타고 가다가 이런 참사가 났구나'라는 거를, 그때 2014년 4월 16일 그 당시가 막 회상이 되더라고요. 그래서 '그때 당시에 아이들이 배가 뒤집혀서 점점 바닷속으로 잠겼을 때 어땠을까'라는 그런 생각이 떠오르면서, 네, 참담했었죠. 그래서 부모님들이 다 오열을 하고 울었던 걸로 기억을 해요.

면담자   동거차도에 인양 감시하러도 가셨죠?

고운 엄마   두 번 갔었어요, 두 번, 3박 4일씩. 그때 반별로 다 그랬을 거 같아요. 저희 반별로 돌아가는데, 또 반에서도 두 명, 세 명씩 순번을 정해놓고 들어갔었거든요. 저도 3박 4일 한 번 들어가고, 한번은 3박 4일이었나 그때가? 하여튼 두 번 들어갔었어요.

면담자　　그때는 세월호는 아직 선체가 가라앉아 있는 시점이니까 못 보셨겠지만, 세월호가 가라앉아 있는 해역을 보셨을 때 어떤 느낌이셨는지.

고운 엄마　　제가 처음에 [동거차도에] 들어갔을 때는 공교롭게도 고운이가 올라온 날이었어요. 동거차도에 들어간 날이 고운이 찾아서 올라온 날. 공교롭게 그렇게 됐었어요.

면담자　　그럼 2016년 4월이었겠네요, 그때가.

고운 엄마　　네. 그래서 아무것도 아니긴 한데 저는 그렇게 동기부여를 하다 보니까 고운이 올라온 날 제가 그 동거차도에 들어간 날하고 똑같은 날짜더라고요. 그래서 저희 움막[감시초소] 있는 곳에 말고, 최대한 가깝게 볼 수 있는 곳[절벽 아래]에 내려가서 수진이 엄마랑 저랑 소영이 엄마랑 내려가서 그곳을 보면서 아이들 이름 부르고 거기서 또 한바탕 울고 올라왔던 기억이 있어요. 그리고 제가 그때는 카메라 감시를 처음에 갔을 때는 안 했었어요, 아버님들이 하고.

　　두 번째 갔을 때는 엄마들만 갔었거든요. 그래서 엄마들만 갔을 때는 제가 그것도 정해서 감시를 하고 그랬는데, 진짜 낮에는 아무 움직임이 없어요. 그런데 이제 밤만 되면 그렇게 뭘 하는지, 그것도 저희 쪽으로 [작업선이] 등을 지고 항상 움직였으니까. 그래서 도대체 상식적으로 생각하면 모든 사람들이 아침에 가서 낮에 일하고 밤 되면 퇴근하는데, 왜 쟤네들은 밝은 대낮에 가만히 있다가 밤만 되면 도대체 뭘 하느라고 저럴까. 솔직히 잘 보이지도 않아요, 뭐 하는지도 몰라요. 항상 뭔가를 하더라고요. 그래서 도대체 세월호 참사하고 관련된 무슨 증거물들을 빼돌리려고 저렇게 밤에만 움직이나, 그런 얘기들도 주고받고 그랬던 기억이 있어요.

면담자　　　그렇게 세월호 인양을 꾸물꾸물하고 있었는데 막상 인양을 할 때가 되니까 너무 쉽게 올라오니까.

고운 엄마　　네, 진짜 놀랐어요. '그날 인양합니다' 그런 얘기 없었던 걸로 기억하거든요, 제가 잘못 기억하고 있는지는 모르겠는데.

면담자　　　아니요, 다른 분들도 다들 그렇게 알고 계셨어요.

고운 엄마　　그래서 인양을 했다고 해서 깜짝 놀랐어요. 그래서 저렇게 인양을 쉽게 할 수가 있나?라고 생각했죠.

면담자　　　나름 안쪽에서 준비 작업이 굉장히 있었긴 해도 그래도 너무 쉽게 올라온 거니까.

고운 엄마　　그리고 3년 동안 준비 작업을 그렇게, 예전에 그렇게 했었으면 인양을 했겠죠? 그때는 안 했다는 거잖아요, 준비 작업을. 명백하게 안 한 거 맞아요.

6

유품·유류품 보존 작업

면담자　　　목포 신항에 세월호 선체가 올라오고 나서 또 부모님들이 다시 활발히 움직이기 시작하셨고, 특히나 미수습자 수습을 최우선으로 움직였었던 거 같아요. 그것도 굉장히 중요했지만 특히 저장소 운영위원 부모님들께서는 세월호에서 나오는 유품, 유류품 보존에 대해서 큰 역할을 하셨잖아요.

고운 엄마　　　네, 그랬었죠. 그런데 저는 그때 공교롭게도, 그때가 ○○이가 고3이었나? 그때가 몇 년도였죠?

면담자　　　2017년이요.

고운 엄마　　　그러면 고3 맞네요. 고3인 데다가 제가 거기에 저희 저장소 운영위원 어머님들이 일주일씩 돌아가면서 갔었어요, 두 명씩. 그런데 저는 "○○이가 고3이고, 제가 또 일주일씩 가게 되면 혼자 남겨지게 되니까, 저는 참여를 못 한다"라고 얘기를 해서 저는 빠졌었어요. 그래서 저 빼고 나머지 어머니들이 순번을 정해서 일주일씩 내려가서 유품 정리를 했는데, 저는 말로만 전해 들었죠. 그런데 제가 말로만 전해 들어서 알 뿐이지, 다른 어머니들처럼 그 현장에 있으면서 그걸 눈으로 보고 겪지를 않았기 때문에 다를 거 같아요.

그런데 그 어머니들도 너무 많이 힘들었다라고 얘기를 하더라고요. 그런데 너무 많이 힘들면서도 재성 선생님이 얘기했던 것처럼 그 부분을 해야 되는 역할이기 때문에, 역할이기 때문에 했던 부분이죠. 이게 마음 아프지 않아서[가 아니]고, 하고 싶어서 한 게 아니고, 내 아이들이고 또 기록물로 [보존]하기 위해서 해야 되는 부분이기 때문에, 그렇게 마음 아프고 힘들지만, 그렇게 갔다 오면 실질적으로 많이 힘들어하고 몸도 안 좋고 그랬었어요, 그런데 해야 되는 일이기 때문에 그렇게 했었던 부분이죠. 그런데 이제 저는 그때 그렇게 참여를 하지 못했었어요. 그때 당시 ○○이도 중3, 고1, 고2 1학기 때까지도 힘들었던 아이인데 점점 다시 좋아져서 학교를 다니고 있었던 시기고, 고3이기 때문에 그때 저는 참여를 못 했어요.

면담자　　　인양 후에 유품, 유류품이 계속 나오고 있었고, 미수습자 수습도 계속되고 있었는데요, 어머님은 목포에서 어머님들이 힘들여서 보존 처리를 해서 안산으로 가지고 온 유품, 그리고 기억저장소에 기증이 돼서 보존 처리 들어간 유류품에 대한 정리 작업을 하셨죠?

고운 엄마　　　네. 다른 어머니들은 현장에서 그런 부분이 있었지만 저 같은 경우에는, 제가 지금은 이제 실무진 선생님들이 두 분이 더 들어오고 그랬지만, 그 전에는 일손이 부족해서 제가 기록팀에 가서 저희 아이들 항온·항습이 돼 있는 1서고에 주로 아이들 유류품이 있잖아요. (면담자 : 네, 그 상록구청에 있는) 그 상록구청 유품 정리 작업을 제가 팀장님하고 같이 했었어요.

그래서 저는 그 부분이 되게 많이 힘들었어요. 아이들 유품을 직접 눈으로 보고 손으로 만지고 그런 부분 때문에, 저도 그 나름 그 부분이 힘들었어요. 그리고 특히 아이들 교복 나올 때, 그리고 아이들 소지품, 의류, 아이들 가져갔던, 여학생들 화장품, 가방, 그러니까 아이들 신발부터 해가지고 아이들 유류품은 제가 그 정리 작업을 하면서 되게 많이 힘들었어요. 하다가 실제로 정리 작업을 하다가 중간에 밖에 뛰쳐나가서 울고 들어오고 그랬던 적도 몇 번 있었고. 저는 그 부분을 하느라고 그 부분이 많이 힘들었죠.

면담자   어쩌면 오히려 아이들 유품이라고 확인이 된 것들을 직접 분류 작업과 정리 작업을 하셨던 어머님이시라서 또 다른 의미에서 힘듦이 굉장히 크셨을 거 같아요.

고운 엄마   네. 저는 1서고에 유품을 정리 작업할 때가 많이 힘들었어요.

면담자   네. 그때 저도 옆에서 뵙고 했었지만, 참 힘드실 거 같아서 뭐라 말씀도 못 드리고 그랬던 기억이 나는데. 여쭙기는 좀 그렇지만, 어떤 마음으로 유품을 정리하셨나요? 어쨌든 저희가 영구 보존을 하기 위해서, 영구 보존까지는 아니라도 최대한 잘 보존하기 위해서 그렇게 정리 작업을 하신 거잖아요. 어떤 마음가짐으로 하셨는지.

고운 엄마   일단 제가 저장소의 일원으로 있기 때문에, 1차는 일원으로 있으니까, 제가 저장소에 없었으면 서고에 유품, 유류품을 정리할 일도 없었겠죠. 그런데 일단 저장소의 일원으로 있기 때문에, 그리고 다른 어머니들도 있지만 왜 제가 하게 됐냐면 사진을, 고운이가 카메라 감독이 꿈이다 보니까 사진 찍는 걸 좋아하고, 그런 아이가 가버리고 나니까 저는 사진 찍는 거에 관심이 없어요. 그런데 '고운이가 못 했던 부분을 내가 사진을 배워서 고운이 대신 내가 사진 찍는 일을 해보면 어떨까'라는 그런 생각 때문에 제가 그때 온마음센터에서 수업을 진행을 할 때 등록을 해가지고 카메라를 사서 수업을 들었었어요. 그런데 그때 저희가 한창 활동을 많이 할 때라 수업을 한 세 번인가밖에 참여를 못 했어요. 그리고 난 뒤에 제가 카메라도 있고 그러니까 저장소 기록물이나 다른 거라도 사진을 그 카메라로 찍다 보니까, 그러면 유품, 유류품도 사진을 찍는 부분이 있었거든요. 처음에는 사진을 찍으러 상록서고에 갔었어요.

면담자　　　목록으로 남기려면 사진이 있어야 되니까요.

고운 엄마　　네, 사진 찍는 작업을 제가 했었거든요. 그렇게 하다 보니까 그것[정리 작업]도 자연적으로 하게 됐는데, 이게 솔직히 힘들긴 한데 무슨 마음이었냐면, 이게 기록물로서 정리 작업도 그렇고 목록화도 그렇고 보존 처리도 제대로 돼야지만이, 세월호 참사로 우리 아이들이 갔다는 사실이 기록물부터 해가지고 저희가 활동했던 동영상으로나마, 그런 거밖에는 남는 게 없잖아요, 나중에는. 날짜로는 2014년 4월 16일이고.

　　그래서 저희 아이들의 유품, 유류품이 그렇게 잘 보존이 돼서 나중에 많은 사람들한테 다른 콘텐츠를 이용해서라든지, 많은 사람들한테 보여지는 부분이 있을 거라고 생각을 했기 때문에 그런 마음도 있고. 그리고 아이들이 남기고 간, 수학여행 가면서 가져간 마지막 유품이고 유류품이잖아요. 그래서 그거를 소홀하게 대하면 안 되겠다는 그런 생각? 내 아이들이니까 이렇게 정리 작업 잘 해서 보존해 가지고 그걸로 인해서 세월호 참사를 잊지 않게 하는 도구, 물품, 유류품 중에 하나, 많은 세월호 참사를 기억하는 것 중에 한 가지잖아요. 그래서 이왕이면 잘 보존이 돼서 보여지면 좋겠다는 얘기… 그리고 긴 시간이 지나서도 온전히 보존이 돼서 사람들한테 보여져서 세월호 참사를… 내 일은 아니더라도 그래도 가끔씩이라도 사람들 기억에 남게 하기 위함이라고 얘기를 해도 되지 않을까요?

면담자　　고운이 덕분에 사진 담당이 되시고 점점 기록물 전문가가 되어가시는 부모님들이죠.

고운 엄마　　그런데, 제대로 배우지를 않아서.

면담자　　혹시 고운이가 가져갔던 거는 세월호 인양되고 새로 나온 게 있나요? 사진기 안 나왔나요?

고운 엄마　　카메라도 못 찾았고요, 핸드폰도 못 찾았고.

면담자 　　　세월호 인양되고 나서도 안 나왔어요?

고운 엄마 　　　인양되고 나서는 솔직히 교복도⋯ 고운이 동생 같은 경우는 교복 자체 내에 이름을 새겨요. 그런데 단원고는 명찰이었잖아요. 그러니까 명찰을 떼게 되면, 아이들 옷 잃어버릴까 봐 부모님들이 일부러 재킷이나 치마에다가 이름을 새겨놓지를 않으면 [누구 것인지] 몰라요. 그러니까 교복이 많이 올라온다고 얘기는 들어도 이게 고운이 교복인지를 장담을 못하는 거예요. 그래서 찾지를 못했던 부분이에요. 이름이 새겨져 있었으면 100프로 찾았겠죠. 그런데 저 같은 경우에는 이름이 새겨져 있지를 않아서 인양된 이후에 고운이 유류품은 사진기는 없었고, 고운이는, 인양되기 전에 2014년도 11월 달쯤에 올라온 거에 고운이가 가져갔던 노란 가방에 옷하고, 옷 몇 가지하고, 가져갔던 우산, 고데기, 명찰, 그거는 11월 달에 찾아서 제가 손빨래해서 집에 지금 보관을 하고 있어요.

면담자 　　　고운이 교복이 안 나온 게 좀 아쉽긴 하네요.

고운 엄마 　　　그래서 그날 고운이가 재킷을 안 입고 가고 집에 두고 갔더라고요. 그래서 제가 재킷하고 나머지 블라우스나, 고운이는 바지도 교복을 샀었어요. 왜 여학생은 꼭 치마를 입어야 되냐고 그래서 1학년 겨울 때 사줬는데 못 입어보고 4월 달에 수학여행을 떠나고 나서, 그러니까 제가 가지고 있는 건 교복 바지하고 재킷하고, 올라온 명찰 그거를 집에 가지고 있죠.

면담자 　　　고운이가 사진하고 영상을 찍는 걸 되게 좋아하는

147
•
4회차

친구여 가지고 제가 남긴 영상들을 몇 개를 봤는데 굉장히 감각이 좋아 보이더라고요. 그래서 핸드폰이랑 카메라가 나왔으면 기록이 또 나왔으면 좋은 자료, 정말 좋은 기억이 됐을 거 같은데 아쉽네요.

고운 엄마　　고운이 핸드폰에 마지막 메시지도 "추억들 찍으러 갑니다" 이렇게 바꿨더라고요. 그래서 카메라 충전기까지 다 챙겨 갔거든요. 그래서 아마 배에서도 사진 많이 찍었을 거 같아요….

7

참사 기록물을 직접 손으로 정리하며 드는 마음

면담자　　4·16기억저장소에서 가족운영위원으로 활동을 하시면서 각종 추모기록물 정리 작업을 많이 하셨잖아요. 특히 종이배, 시민들께서 접어준 수많은 종이배들을 다 메시지별로 분류하고 모아가지고 숫자 세고 이렇게 하시는 그런 걸 굉장히 많이 하셨어요. 특히 기억에 남는 작업이 혹시 있으셨는지, 특히 기억에 남는 추모기록물이라든가요.

고운 엄마　　저 같은 경우에는 상록서고랑 여기 [안산] 예술의 전당에 있는 서고랑 그거는 팀장님하고 저만 했던 부분이고, 종이배 이런 거는 다른 어머니들이랑 같이 했는데, 저는 마음도 힘들고 몸도 힘들었지만 저희가 예전에 활동들을 다 세세하게 기억은 못 해요. 그런데 그거를 하면서 '어? 우리가 이런 활동도 했었네?' 새삼 몰랐던 거를 다시 알게 된 부분이 좋았다고 그래야 되나, 아니면 내가 몰랐던 기억들을 하게 되더라고요. 그래서 저희 엄마들이 종이배를 세면서 우리가 농담 삼아 저희 부모님들이 처음에 국회 농성할 때 종이배를 접기 시작했거든요. 그런데 저희가 국회에 있으면서 종이배를 접기 시작해서 그 뒤부터 종이배를 접는 그게 붐이었던 거 같아요.

제가 농담 삼아 "우리가 종이배 접었던 일이 다시 우리 일이 돼서 돌아올 줄 알았으면 조금만 접을 걸 그랬다"고 그런 농담도 했었거든요. 그런데 그런 농담은 말 그대로 농담이고, 이제 종이배 세면서 남겨진 메시지도 읽어가면서 '아, 이런 마음이었구나' 그리고 '우리가 이런 활동도 했었네?' 그러면서 여러 가지 활동들을 다시 한번 되새기게 되는 그런 점들이 되게 그랬었고요.

저 같은 경우에는 추도식[합동영결식] 끝나고 분향소 철거되는 걸로 정리가 됐었잖아요. 그래서 철거 들어가기 전에 분향소에 있는 기록물들을 정리하면서 마음이 제일 그랬던 부분이, '분향소가 이제 철거가 돼서 없어진다'는 생각, 그리고 '많은 분들이 분향소, 분향할 수 있는 공간이 없어지니까 안산에 발길도 끊기겠구나' 그런 생각, 그리고 내 스스로도 '아이들을 추모할 수 있는 공간이 영영 사라져버리는구나' 그런 생각, 복합적인 그런 생각 때문에 그 기록물을 내 손으로 정리하면서 감정이 많이 복잡했던 거 같고, 그 생각이 많이 남아요, 마지막 분향소 철거되기 전에 기록물 작업했던 게.

면담자　　　다른 부모님들도 중요한 역할들을 많이 맡아서 하시지만, 저장소에 계시는 부모님들은 아이들의 유품이나 시민들의 마음을 모아준 것들을 직접 손으로 만지시면서 작업하시는 게 많다 보니까 또 다른 많은 생각들이 나실 거 같아요.

고운 엄마　　　다른 부모님보다도 저희가 실질적으로 피부에 더 많이 느끼게 되는 부분이 많은 거 같아요.

면담자　　　그런 얘기를 저장소에 운영위원으로 계시지 않은, 다른 활동하시는 부모님들이랑 나누어본다거나 하시진 않으셨어요? 그러니까 얘기로라도.

고운 엄마　　　얘기로 100프로는 아니더라도 저희 1반 부모님들 만나면 짤막짤막하게 얘기는 하죠. 저 같은 경우는 1반 부모님들 만나면 제가 했던 얘기를 짧게 짧게 얘기해 줬던 기억이 있어요. 그런데 얘기를 해도 저는 실질적으로 피부에 와닿게 손으로 만지면서 했던 부분이라, 그 사람들하고 느낌이 또 다르니까.

면담자　　　직접 만져보고 아니고는 차이가 크니까요.

고운 엄마　　　네, 그럼요. 그래서 참 그런 거는 다른 부모님들보다도 저희가 많이 피부로 느끼고 눈으로 보고 그랬던 부분이 훨씬 더 큰 거 같아요.

고운 엄마 윤명순

8

부모님들이 아이들에게 보내는 손 편지『그리운 너에게』

면담자　　　영결식 얘기를 따로 여쭤보려고 했는데 말씀해 주신 거 같아가지고 넘어가도 될 거 같고요. 몇 가지만 더 여쭈면 될 거 같습니다.『그리운 너에게』책 출간을 위해 부모님들의 손 편지를 저장소에서 모았잖아요. 부모님들 111분이셨잖아요. 101분이었나, 111분이시죠? (고운 엄마 : 네) 편지를 부모님들께서 뛰어다니시면서 받아오셨는데, 편지를 직접 쓰시기도 하셨고요. 어떤 느낌이 드셨었던가요?

고운 엄마　　　솔직히 그때 편지를 써야 된다는 얘기를 들었을 때 부담감이 되게 많았었어요. 근데 이제 부담감 때문에 다들 저희 저장소 어머니들이 "편지를 어떻게 써. 편지 안 써" 그랬었어요. 딱 첫마디가 "어우, 편지 안 써, 편지 못 써" 이랬었어요, 첫마디가. 그런데 4주기가 가까워지고 앞부분에서 얘기했던 것처럼 [세월호 참사가] 점점 잊혀져 가고 있잖아요. 잊혀져 가는 부분에 대해서 우리가『그리운 너에게』편지를 써서 책을 만들어냈을 때, '많은 분들이 읽고 다시 한번 세월호 참사를 생각하고 느끼고 되새기게 되는 역할을 해준다'라고 얘기를 서로 주고받았을 때, "그러면 하자. 쓰자" 그래서 하게 됐고, 저희 저장소 어머니들이 각 두 반씩 맡아서 작업을 진행을 했던 거죠.

저 같은 경우는 1반이니까 1반, 2반 맡아서 했던 거고요. 그런데 저희 반은 자주 만나고 그렇기 때문에 그런 얘기를 꺼내기가 편하다고 해야 되나, 쉽다고 해야 되나 그런데, 2반 같은 경우는 제가 2반이 아니고 2반 사람들하고 만남이 있거나 그런 게 없었기 때문에 편지를 쓰라고 얘기하는 부분이 1반에 비해서 많이 어려웠어요. 1반 같은 경우에는 "점점 많은 분들이 잊혀지니까 편지를 써서 책을 만들면 잊혀지는 부분을 조금 더 우리가 역할을 할 수 있다"라고 쓸 수 있는 쪽으로 방향을 잡아가게끔 할 수 있지만, 2반 부모님들한테는 그게 안 되더라고요. 그냥 사무적으로 대하게 되더라고요. 저희가 이렇게 하려고 하는데 자꾸 잊혀지는데, 우리가 편지를 써서 책을 만들면 잊혀지는 부분을 조금 더 줄일 수 있고, 그런 부분만 간단하게 설명을 하고 편지를 쓰실 생각이 있는지만 물어보고 말았었거든요. 실질적으로 2반은 많이 쓰지는 않았어요. 반이 다르기 때문에 그런 부분이 조금 어려웠던 거 같아요.

그리고 저 같은 경우에 편지지도 직접 집에 갖다준 집도 있고 다 썼다고 그러면 제가 받으러 가서, 제가 그때 시간이 되게 촉박했었어요. 그래서 그런 역할들을 저희 저장소 엄마들이 진짜 촉박한 시간에 그걸 다 해야 되니까 받으러 갈 수밖에 없게 되더라고요, 그래서 받으러 가고. 저 같은 경우에 편지를 써야 되는데 한번에 안 써지더라고요.

저 같은 경우는 며칠에 걸쳐서 쓰고 4년이란 시간이 있기 때문에 편지를 막 쓰다가 보면 '아, 이 내용도 써야 되는데' 그러니까는 그게 계속 달라지는 거예요, 편지 쓸 때마다. 이 날은 이 내용 쓰다 보면, '아, 이 내용도 써야 되는데' 그러면 또 다음 날은 또 이 내용 쓰면, 그러니까 너무 할 얘기가 많다 보니까, 할 얘기는 많고 분량은 정해져 있고 그러다 보니까는 마음 아파서 쓰기도 힘들었지만, 어떤 내용, 어떤 말을 써야 될지 정하는 것도 되게 쉽지 않았어요. 써야 될 얘기는 많은데 분량은 정해져 있고. 그러다가 막판에 쓰고 말았다고 엄마들이 많이 얘기를 해요. 그러지 않으면 이 얘기 썼는데 또 다른 얘기도 쓰고 싶고 계속 그렇게 마음이 들더라고. 그래서 끝에 현재의 그때의 마음을 저 같은 경우는 썼던 거 같아요. 현재의 마음이, 저희 그때 동생 졸업 때였으니까 그 얘기도 들어가 있고 그러니까, 그때 현재의 심정을 저는 썼던 거 같아요.

면담자   저는 부모님들 편지를 다 읽어보진 못했지만 저장소 어머님 것들은 다 읽었거든요. 그때 쓰시는 데 그런 마음이 있었다는 게 참…. 그리고 어머님의 그 마음이 절절함이 잘 전해지는 좋은 글이었던 기억이 났습니다.

고운 엄마   저희 저장소 어머니들 거 다 읽으셨구나.

면담자   사실 끝까지 다 읽으려고 했는데 너무 저도 힘들더라고요.

고운 엄마   어우, 다 못 읽어요.

면담자   결국 저도 끝까지 다 못 읽었다는 거를 일단은 고백을 드리고요.

고운 엄마 　　저희도, 당사자도 그냥 저 같으면 저 1반 것만 읽었어요. 저도, 제가 쓴 편지인데도 제가 쓴 편지 보면서도 울었다니까요.

9
고운이 동생에 대한 대견하고 고마운 마음

면담자 　　편지에 동생 얘기가 나오기도 했는데요, 지금 고운이 동생은 어떻게 잘 지내고 있나요? 이제 고등학교 졸업은 했고, 대학교 들어갔죠, 이제?

고운 엄마 　　참사 당시부터 시작해서 한 2년 넘게 많이 힘들어해서 본인이 직접적인 상담은 아니더라도 제가 대신 상담을 받고 박사님이 그날그날 과제를 줘요, 어머니가 해주시라고. 그러면 제가 와서 그거를 충실히 해나가면서 시간이 지나면 좋아질 거라는 얘기를 듣고 해서, 그렇게 좋아지고 나서는 그냥 지낸 거죠. 잘 지냈다고는 아니고, 그냥 지내고 나서 작년에 대학교를 지방으로 가게 됐어요.

　엄마도 처음 떨어지고, 안산도 처음 떠나고 낯선 곳에 가게 되니까, 제가 '저 아이가 힘들겠구나'라는 짐작은 나름 하고 보냈는데 그렇게까지 힘들어할 거라고는 제가 상상을 못 할 정도로 아이가 힘들게 반응이 나오니까[힘들어하니까] 제가 많이 놀랐죠. 그래서 작년 3월 달에 대학교 보내놓고 하루 만에 "무섭고 공포심 때문에 이곳에 못 있겠다"고 전화가 왔을 때, 그 전화받고 저는 하늘이 무너져 내리는 것 같은 기분이 들었어요. 그래서 그때 당시에 제가 강하게 제 주장을 밀어붙일 수 없었던 게, 그런 아픔이 있는 애한테 제 의견을 강하게 밀어붙였다가 그 아이한테 안 좋은 일이 생길까 봐 제 의견을 강하게 밀어붙이지도 못 했고, 그 아이 의견도 100프로 "그래, 그만두고 안산에 올라가자" 그렇게 할 수도 없었어요.

저는 어떻게 해야 될지 판단이 안 서서 학교에 전화해서 도움을 받았죠, 학과장님한테. 그때 당시에는 굳이 얘기할 필요도 없었고, 얘기를 할 생각이 없었어요. 그런데 이 아이를 부탁을 해야 되니까 어쩔 수 없이 해야 되겠더라고요. 그래서 학과장님한테 전화를 해서 "세월호 참사를 겪은 아이 동생이다"라고 사실대로 다 얘기를 하고 제가 도움을 청했죠. 다행히 학과장님께서 이해를 하시고 당신 학교에 보낸 이상 자기가 책임지고 얘기도 많이 하고 ○○이가 어떻게 생활하는지 신경 쓰고 매일 저한테 연락을 드리겠다고 얘기를 하셔서 학과장님 믿고 저도 3월 달 한 달은 □□[지방 도시]를 거의 내 집 드나들 듯이 드나들면서 ○○이를 살피러 다녔고요. 그래서 3월 달에 그렇게 학과장님 도움을 받아서 조금씩 조금씩 나아지면서 적응하면서 한 달, 한 달 조금씩 제가 걱정을 덜어내고 안심을 해나갈 수 있었던 그런 시간이었어요, 1학기는.

그래서 1학기 때는 전화만 와도 '무슨 일이 있는 거 아닌가' 그래서 많이 놀라고 전화 올 때마다 항상 "힘들면 힘들다고 얘기를 해줘야 된다, 괜찮지 않으면서 괜찮다고 하면 절대로 안 된다" 제가 항상 그 얘기를 달고 살았던 거 같아요. 그런데 점점점 "엄마, 괜찮아. 적응 잘하고 있어"[라고 하더라고요]. 나중에 학과장님 얘기 들어보니까 무던히도 ○○이가 노력을 많이 했다고 하더라고요. 저는 그냥 시간이 흘러서 적응을 한 줄 알았는데 학과장님이 ○○이가 나름 노력을 많이 했다고 그러더라고요. 그래서 그 얘기 들을 때도 참 마음이 아프더라고요. 그래서 저는 그때 당시에 이 아이가 이 고통을, 아픔을 겪고 이겨내기 위해서 무던히도 노력하고 이런 과정을 겪으면서, 이런 시간을 겪으면서 앞으로를, 그 생활에 젖어 있다가 또 다른 장소에 가서 또 다른 적응을 할 때 항상 처음에 이런 어려움을, 아픔을 겪어야 된다는 그런 사실에 마음도 아팠지만 그 아픔보다도 화가 더 컸어요.

(눈물을 훔치며) 화가 많이 났었어요. 이 아이가 평생 살면서 새로운 일을 겪을 때마다 적응을 맨 처음 적응을 이런 식으로 힘들게 마음 아프게 해야 된다는 그 사실에 화가 많이 났었어요. 화가 치밀어 오르고, 아픈 마음보다도 화나는 마음이 더 컸었어요, 그 당시에는. 한 학기 그렇게, 방학 때 학과장님이 그렇게 얘기를 해주시더라고요. 그 아이 본인 스스로도 적응하기 위해서 노력을 많이 했다고 얘기를 들었을 때, 지금은 쉽게 얘기하지만 '그 당시에는 그 아이가 얼마나 힘들었을까'라는 생각을 하면 마음이 아프고 안타깝죠.

한 학기 지나서, 한 학기 때까지만 해도 제 가슴 한편에 그런 걱정이 항상 가지고 있었어요. 그런데 지금은 1학년 끝나고 지금 겨울방학이잖아요. 그래서 지금은 그런 마음이 100프로 없다고는 할 수 없지만 그래도 지금은 그런 걱정은 거의 없어요, 본인이 또 열심히 하려고 노력하고 있고. 그런 일 겪으면서 너무 일찍 철이 들었다는 그 사실도 마음이 아프고, 상황이 어떻다는 거를 알고 본인 스스로 학교 공부도 열심히 하고 그래서 고맙고 대견하고, 한편으로는 미안하죠⋯, 미안해요. 하루아침에 누나 그렇게 잃어버리고⋯, 부모 가고 나면 형제자매도 없는 고아가 되잖아요. 그러니까 참 고맙고 대견하고 미안하고⋯⋯(눈물을 닦음).

면담자   처음으로 부모님 곁을 떠나가지고 홀로서기를 시작한 첫 단계에서 많이 힘들었겠지만, 스스로 노력해서 극복해 가지고 지금은 부모님 걱정이 완전히는 아니더라도 상당 부분 걱정을 덜 할 수 있게 보여준 것만으로도 대단한 거 같고 정말 다행이라는 생각도 들고요.

고운 엄마   남자아이다 보니까 앞으로 군대도 가야 되잖아요. 군대 가면 또 새로운 환경이잖아요. 그 새로운 환경에서 시작을 또 이렇게 시작을 할까 봐 그게 걱정인 거지. 산 하나 넘으면 또 산 하나 나타나듯이 그게 걱정이⋯ 저희 아이한테는 얘기 안 했는데 제 마음속에는 그런 걱정이 있죠.

면담자   그래도 이번에 산 하나는 잘, 그것도 성공적으로 잘 넘었으니까, 다음에 좀 더 쉽게 넘어가지 않을까 생각이 들어요.

고운 엄마   '그 산 넘으면서 아이가 얼마나 힘들까'라는 걸 생각하면…….

면담자　　　동생 얘기는 여쭤볼까 말까 하다가 여쭤봤는데….

고운 엄마　　지금은 후회가 되는 게 '이쪽 저장소랑 이쪽의 활동을 완전히 접어버리고 내가 □□로 내려가서 몇 개월이라도 같이 있다가 올라 올걸' 그런 후회를 많이 했었어요, 그 당시에는. '그냥 다 여기 접어버리고 내가 □□로 아예 내려가서 몇 개월 있다가 올라 올걸 그 생각을 왜 못 했을까' 그런 후회도 있었죠.

면담자　　　하지만 워낙 상황이, 아들에 대한 안타까운 걱정이 앞서셨겠지만 그만큼 여기의 일도 중요하게 생각을 하고 계셨으니까, 그때 당시 판단 내리기 정말 힘드셨을 거 같아요.

고운 엄마　　나중에 얘기를 하더라고요. 제가 그 얘기도 했었어요, 솔직히. "엄마 그냥 한 달만 안산 일 접고 너한테 한 달만 내려가서 살다가 올까?" 그랬는데 얘는 솔직히 그렇게, 가기 전에는 "엄마나 걱정해. 나 걱정하지 마. 나 적응 잘하고 지낼 수 있어" 그렇게 큰소리를 쳤는데 자기도 되게 걱정이 많이 됐대요. 그런데 그거를 있는 그대로 말을 못 했대요, 걱정할까 봐. 자기도 두렵고 무서웠었대요. 자기도 그 낯선 곳에 자기 혼자 떨어져서 지낼 생각에 두렵고 무서웠었다고 그러더라고요. 그런데 그때 당시에 저한테 큰소리만 쳤어요. "엄마, 나 가서 적응 잘하고 지낼 수 있으니까, 나 걱정하지 마" 그렇게 큰소리를 치고 갔거든요. 그런데 나중에 시간 지나서 그 얘기를 하더라고요. 자기도 솔직히 무서웠었다고,

두려웠었다고.

　그러니까 가서 그렇게… 그러니까 그게 제가 데리고 가서 하룻밤 자고 놓고 오자마자 하루 만에 그렇게… 그런 일이 벌어졌었던 거죠. 있는 그대로 얘기를 해줬으면 제가 한 달이라도 같이 있다 올라오는데 얘는 또 저를 생각한다고 겉으로는 큰소리를 치고 속으로는 그랬더라고요. 그런 걸 생각하니까, 제가 예전에도 구술에 얘기를 했지만 세월호 참사로 아이 하나만 떠난 게 아니에요(눈물을 닦음).

10
앞으로 삶의 목표

면담자　　　마무리를 하려고 하는데요, 마지막 질문을 드릴게요. 어머님 남은 삶이 또 있으시잖아요. 남은 삶에서 혹시 목표라든가….

고운 엄마　　저 개인적인 목표, 저 개인적이라는, 저라는 사람.

면담자　　　네, 저장소의 가족운영위원으로서 이런 거 말고.

고운 엄마　　저라는 사람의 목표는 솔직히 없어요. 이게 나중에 뭘 어떻게 하고 어떻게 해야지, 이런 저 개인적인 사람으로는 없고 제가 고운이 동생한테 바라는 게 아니고 저 나름대로의 '내가 할 도리는 여기까지 해야 되겠다'는 그런 생각을 가지고 있는 거는, '학교 졸업하고 군대 갔다 오고 직장 딱 잡아서 직장생활 하는 것까지 도움을 주고 보살핌을 주면 되겠지'라는 그런 막연한 목표는 있고요. 우리 고운이, 세월호 참사는, 저는 솔직히 진심으로 얘기하자면 제가 진실 규명될 때까지 제가 움직이겠다고 장담은 못 해요. 저는 자신이 없기 때문에 '제가 진실 규명할 때까지 움직이겠습니다' 이 말은 못 하겠어요. 저도 지금 이제 5주기가 가까워 오지만 저 스스로 힘들 때는 그런 생각해요. '아, 나 여기서 주저앉아 버릴까? 그만둘까?' 그런 생각을 한 번도 안 하면 아마 거짓말일 거예요. 그래서 저도 그런 생각을 중간중간 한 번씩 하거든요. 그런 두려움이 점점점 시간이 지나면서 세월호 참사가 잊혀져 가면, 그 생각이 더 올 거 같아요.

그래서 저는 일단은, 저는 그냥 다른 데서도 얘기한 건데, 제일 가깝게 '기억교실이랑 생명안전공원 부지에 아이들 다 데리고 오는 그 시점까지 저는 확실하게 100프로 움직이겠다'라고 말할 수는 있어요. 그런데 그 이후는 모르겠어요, 솔직히 저도. 저 그 얘기는 몇 번 했어요. '지금, 아이들 생명안전공원 부지에 다 데리고 오는 그 날까지는 확실히 저는 움직여요.' 그런데 그 이후에는 딱 그 날짜, 아이들 딱 데리고, 딱 그 날짜 끊어서까지는 아니겠죠. 그 시점까지는 100프로 움직이는 건 확실하고, 그 이후에도 움직이겠지만, 그 기간이 이제 '진실 규명될 때까지 움직인다' 이 말은 장담을 못 하고 100프로 그렇게 얘기를 하기가….

면담자   되게 긴 시간, 생각보다 많이 길어졌어요. 그래도 좋은 애기도 말씀 많이 해주시고, 지난번 구술 당시 하셨던 그때와 또 다른 상황에 대해서 굉장히 좋은 말씀들, 조금은 방향이, 결이 달라졌을 수도 있겠지만 그래도 여전히 한결같은 그 마음들에 대해서 들을 수 있는 좋은 기회였던 거 같습니다. 어머님 추가 구술은 여기서 마치도록 하겠습니다. 감사합니다.

고운 엄마　　수고하셨습니다.

4·16구술증언록 단원고 2학년 1반 제2권

그날을 말하다 고운 엄마 윤명순

ⓒ 4·16기억저장소, 2019

기획 편집 4·16기억저장소 ┊ **지원 협조** (사)4·16세월호참사가족협의회
펴낸이 김종수 ┊ **펴낸곳** 한울엠플러스(주)
초판 1쇄 인쇄 2019년 4월 1일 ┊ **초판 1쇄 발행** 2019년 4월 16일
주소 10881 경기도 파주시 광인사길 153 한울시소빌딩 3층
전화 031-955-0655 ┊ **팩스** 031-955-0656 ┊ **홈페이지** www.hanulmplus.kr
등록번호 제406-2015-000143호

Printed in Korea.
ISBN 978-89-460-6702-8 04300
         978-89-460-6700-4 (세트)
* 책값은 겉표지에 표시되어 있습니다.